쇼펜하우어의
청춘
독설

쇼펜하우어의
청춘 독설

삶의 고통과 절망의 순간을
여과없이 보여주는

쇼펜하우어 지음 | 김 욱 편역

SCHOPENHAUER

편역자의 글

실존의 고통에 몸부림치며
인생을 저주한 옛 철학자의 독설

　아르투르 쇼펜하우어(Arthur Schopenhauer, 1788~1860)를 가리켜 흔히들 염세주의 철학자라고 부른다. 그가 남긴 몇 권의 책과 60년 가까이 하루도 빠짐없이 써온 일기와 1만 페이지가 넘는 메모와 그의 인생관을 확립시켜준 스승인 괴테가 보낸 "당신이 삶에서 아주 작은 기쁨이라도 느끼고 싶다면 당신은 이 세계에서 가치 있는 사람이 되어야 합니다."라는 서한들을 보면, 그는 분명 극도의 비관론자였다.

　방관자적 시선으로 세계와 그 안에서 펼쳐지는 인간 군상의 모습을 차갑고 날카로운 비판들로 난도질하는 것으로 지적인 충족을 느끼는 괴팍한 인물이었다. 그리고 쇼펜하우어의 이같은 염세주의 성향은 그가 살아온 환경에 의해 형성된 삶의 결과물이라고 할 수 있었다.

부유한 상인이었던 아버지를 존경하고 사랑한 어린 쇼펜하우어는 아버지의 뜻을 이어받아 유럽을 누비는 사업가를 꿈꾸었지만, 열일곱 살 되던 봄에 그의 아버지는 강으로 뛰어내려 투신자살했다. 또 문학적으로 야심이 많았던 어머니는 자기보다 스무 살이나 나이가 많던 남편이 사라지자 막대한 재산을 무기로 사교계에 화려하게 등장했고, 그런 어머니를 곁에서 지켜보던 사춘기의 쇼펜하우어는 스스로를 햄릿이라고 부르며 평생토록 가정을 불신하게 된다.

그리고 서른한 살에 그 유명한 《의지와 표상으로서의 세계(Die Welt als Wille und Vorstellung)》를 출판하며 베를린대학에서 철학을 강의하는 등 지식인으로서 목표했던 꿈을 이루는 데 성공했지만, 강당을 꽉 채울 만큼 학생들로부터 인기를 끌었던 헤겔과 달리 자신의 강의에는 다섯 명만 출석하는 것을 보고 자괴감에 사로잡혔다.

1831년에 베를린에 콜레라가 만연했을 때는 평소 입만 열면 "태어나지 않는 게 최선이다. 만약 태어났다면 스스로 목숨을 끊는 게 차선이다."라는 염세주의 철학을 버리고 목숨을 위해 베를린 탈출을 감행하기에 이른다.

마지막까지 학생들 곁에서 철학을 강론한 헤겔이 콜레라에 전염되어 세상을 떠나면서, 쇼펜하우어의 이같은 모순된 행위는 평생토록 사람들로부터 조롱받는 빌미가 되었고, 이후 두 번 다시 자신의 철학 사상을 사람들 앞에서 강의하지 않게 되었다.

이처럼 쇼펜하우어의 인생은 소망하는 바가 이루어지지 않는, 오히려 소망했기에 정반대로 고통이 부과되는 악순환의 반복이었다. 그의 젊은 날은 사랑했기에 여인들로부터 상처받아야 했고, 지적으로 뛰어난 재능을 발휘하면 발휘할수록 세상의 혐오에 시달렸으며, 사람들에게 상식과 정의를 요구할 때마다 그는 사람들로부터 멀어져야 했다.

우리가 오늘날까지 쇼펜하우어를 기억하고 그가 남긴 저서에서 인생의 해답을 찾으려는 이유가 뭘까? 모두가 알다시피 그는 행복과는 거리가 먼 인생을 살았고, 그가 우리에게 들려주는 말은 불안과 좌절, 고통과 절망뿐이었음에도 불구하고 우리가 쇼펜하우어를 잊지 않고 찾아가는 이유가 뭘까?

그것은 쇼펜하우어가 인생 그 자체를 텍스트 삼아 삶의 고통을 철학으로 승화시켰기 때문이다. 인생은 고통이며, 고통은 집착에서 비롯되고, 따라서 집착을 버림으로써 우리는 고통의 소멸에 이를 수 있다는 '비관에 대한 비관'을 제시했기 때문이다. 그는 우리가 알고 있는 것은 '언어'에 지나지 않는다고 말했다.

우리가 알고 있는, 바라보고 있는, 살아가고 있는 인생은 그저 '인생'이라는 두 글자, 다시 말해 문자일 뿐이다. '인생'이라는 두 글자의 뒤안길에 도사리고 있는 욕망과 의지야말로 '인생'이라는 글자로 표현된 실체이며, 그 표상을 고통으로 덧칠하는 주체도, 권태로 변화시킨 주범도 다른 누군가가 아닌, 이 세상과 사회가 아닌 바로 우리들 자신이었다고 고백한 것이다.

삶의 고통을 철학적 주제로 선택하고, 그 절망의 순간들을 여과하지 않고 증명하고 파헤친 쇼펜하우어의 이런 용기야말로 사후 150년이 지난 이 순간에도 우리가 고통의 한 때를 지나치며 쇼펜하우어에게 '비관에 대한 비관'을 기대하는 가장 큰 이유라고 생각한다.

쇼펜하우어는 문제적인 삶을 살아간 특이한 인물이었다. 그의 철학은 "어떻게 살아가야 하는가? 우리가 살고 있는 이 세계는 무엇인가?"라는 본질적 추구에서 벗어나 어떻게 죽어야 하고, 우리가 살고 있는 이 세계는 어떻게 파멸할 것인가를 고민했다. 되도록 빨리, 자취도 남기지 않고 이 불합리한 삶의 굴레에서 사라질 수 있기를 쇼펜하우어 스스로 갈구했던 것이다. 그 때문에 살아 생전에는 그가 펼친 주장의 참된 의미가 왜곡되곤 했다.

기독교가 이단을 박해하듯 지성계는 쇼펜하우어를 정신병자로 몰아세우기 일쑤였다. 현대사회에서 쇼펜하우어라는 이름이 단순한 철학자를 넘어서는 특정한 명칭처럼 친근하게 다가오는 것과 비교하면 극과 극이라고 할 수 있다.

쇼펜하우어는 인간의 실존 자체를 철학의 목적이자, 궁극적인 진리로 삼은 선구자였다. 같은 시대의 철학자들이 철학을 위한 철학을 고수하고 있을 때, 쇼펜하우어만이 철학의 본질이자 철학의 구현인 인간에 대해 이야기했던 것이다.

그 결과 쇼펜하우어는 철학의 주체인 인간의 멸망을 보았고, 철학이 가장 흥성했던 시기에 철학의 죽음을 목격했다. 인간이 이룩한 문화, 문명, 기술과 법률, 정치 체계가 인간의 본질을 지워버리는 장면들을 목격하게 된 것이다. 이것이야말로 개인의 삶에서 시작된 쇼펜하우어의 절망이 궁극적인 완성에 도달하게 된 원인이다.

쇼펜하우어의 철학은 절망에서 태어났다. 그러나 쇼펜하우어가 우리에게 들려주는 절망은 끝이 아니다. 하나의 몰락을 통해 새로운 가치가 잉태하고 태어나는 위대한 절망이다. 새로운 '나'를 위해 현존하는 '나'의 절망이 희생되는 것이다. 그렇기 때문에 쇼펜하우어의 절망은 궁극의 희망이다.

그에게 고통은 소멸해야만 끝나는 아픔이 아니다. 그 아픔 끝에 새 생명이 탄생하고, 새로운 시대가 열리고, 새로운 가치관이 나의 인생에서 성립된다. 거칠고, 때로는 표독스럽기까지 한 그의 날카로운 언어들이 우리의 시대까지 살아서 약동하는 까닭이 여기에 있다고 하겠다.

그래서 쇼펜하우어는 '의지'를 이야기했다. '살아남고자 하는 의지'를 이야기한 것이다. 모든 생명은 살아남기를 소망하는데, 쇼펜하우어는 이 살아남고자 하는 의지가 우리 안에 깃든 욕망의 본질이라고 여겼다. 가장 순수한 욕망에 이르렀을 때 죽음이라는 한계가 정해져 있는 육체의 삶이 영원히 사라지지 않는 '표상'을 남기게 된다고 주장했다. 따라서 그의 비관론은 한 인간이 순수한 욕망으로서 세계에 남겨지기를 소원하는 모든 인간의 잠재된 본능이라고 할 수 있는 것이다.

쇼펜하우어가 우리에게 들려주는 절망은 능동적인 절망이다. 그가 추구했던 욕망은 가장 순수한 의지였다. 인간은 욕망의 표상이며, 인간의 모든 활동은 욕망을 성취하고 싶어하는 의지의 출현이다. 이런 진리를 간과한 채 눈에 보이는 사태만을 쫓아다니는 우리의 무지한 삶이야말로 절망의 본질이었던 것이다.

쇼펜하우어가 세상을 떠나고 150년의 세월이 흐르는 동안 그가 목격했던 절망의 크기는 더욱 확대되었다. 인류가 추구했던 물질만능의 시대는 인간에게 물질이 될 것을 강요하고 있으며, 그 안에서 생존의 가치를 찾으려는 젊은이들에게 좌절과 억압, 공포만을 보여주고 있다. 기성세대의 일원으로서 우리 시대의 청춘들이 겪고 있는 절망과 분노에 일조했다는 죄책감을 떨쳐버리기 위해 또 한 번 쇼펜하우어를 의지할 수밖에 없었다.

시대는 점점 더 포악스러워지고, 그에 비례하여 인간성까지 날로 강퍅해지고 있으나 쇼펜하우어의 말처럼 "나를 움직일 수 있는 것은 오직 나라는 사람밖에 없다"라는 진리를 가슴에 새긴 젊은이들은 이 험한 시대에서도 지워지지 않는 '표상'으로 남게 되리라고 확신한다.

쇼펜하우어는 일평생 열한 권의 책을 썼고, 그 중 생전에 출판된 저서는 8권이다. 그 외에도 괴테를 비롯한 수많은 동시대 사람들과 편지를 주고받았으며, 1만 페이지가 넘는 일기를 거의 하루도 빼놓지 않고 썼다. "인생은 의미가 없다. 그러므로 태어나지 않는 것이 최선이고, 태어났다면 최대한 빨리 죽는 것이 차선이다."라고 입버릇처럼 말하고 다닌 사람치고는 그 어떤 철학자, 작가보다 치열하게 살아왔다고 할 수 있다.

이 책은 그의 대표작인 《의지와 표상으로서의 세계(Die Welt als Wille und Vorstellung)》 외에도 《Parerga und paralipomena》, 《Schopenhauer und Nietzsche: ein vortragszyklus/by Georg Simmel》, 《Schopenhauer: eine biographie/by Walther Schneider》, 《Arthur Schopenhauer's English schooling/by Patrick Bridgwater》과 편지, 일기 등을 토대로 새롭게 구성했다.

시끄러운 자명종 소리가 새벽의 무딘 단잠을 깨워주듯 실존의 고통에 몸부림치며 인생을 저주한 옛 철학자의 독설이 우리 안에 감춰진 열망과 투지를 일깨워줄 것이라고 기대해본다.

편역자 김욱

SCHOPENHAUER

차례

1부 오늘과 같은 내일이 다시 찾아오리라고 생각하지 마라

이 땅에 너의 안식은 없다   16
산이 눈앞을 가로막고 있다   20
아직 죽음은 아무것도 가져가지 않았다   24
죽음을 위한 변명   31
세상에 평등에 대해 들어본 적이 없다   35
죽은 자들의 목소리가 우리를 지배하고 있다   41
내 안에 악마가 숨어 있다   44
삶은 죽음을 비굴하게 만들지 않는다   49
철학은 오늘의 절망에 대해 아무 말도 하지 않는다   53
강해질수록 치명적인 상처를 입는다   56

2부 사랑이 있는 곳에 고통이 있다

젊은 날의 사랑은 강제적인 굴레다   62
결혼은 비굴한 복종이다   68
사랑의 표현은 고통이다   72
인간을 불평분자로 만드는 악당   77
우정은 친구의 영혼을 위한 헌신이다   83
허영보다 강한 교만은 없다   86
달은 태양이 자리를 비웠을 때 빛난다   90
불필요한 친구보다 적이 낫다   97
사랑이라는 착각에 대하여   100

3부 신이 존재한다면, 나는 그가 되고 싶지는 않다

　　인간의 삶은 발정난 하복부가 전부가 아니다   106
　　지옥보다 더 지옥 같은 곳   111
　　독백과 기도마저도 거짓이 지배하고 있다   114
　　우리의 세계에 신이 필요한 까닭   120
　　시간을 부조리로 강요하고 실연을 당하게 만든다   127
　　소유는 의무의 시작이다   132
　　나보다 비참한 자들이 나를 행복하게 해준다   136
　　인생을 배울 수 있다고 착각하지 말라   144
　　신은 인생의 비상구들 중 하나   149

4부 타인의 인생을 쳐다보는 동안 인생의 4분의 3이 흘러갔다

　　사회, 혹은 들개의 사냥터   158
　　인권은 범죄자의 도피처다   164
　　사회의 진보는 착취의 가면   169
　　동정과 베풂은 재앙의 시작이다   172
　　잠들지 않는 자가 너를 지배한다   177
　　어린 날의 행복은 착각이다   182
　　공포를 이겨내는 힘, 자기기만   188
　　타인의 눈물에 속지 마라   194
　　하루살이처럼 살아온 탓이다   200

5부 고뇌의 노예가 되기 위해 태어났을 뿐

고독을 발견하기 위해 허무가 주어졌다   206
인생은 죽음을 연기하는 것일 뿐이다   211
인내가 궁핍을 위로해주지는 못한다   216
거미줄 위에서는 거미만이 살아남는다   221
광기는 평범한 사람을 감염시킨다   228
인생보다 더 슬픈 비극은 없다   235
지성의 불빛에서 탐욕이 보인다   240
신체는 그릇에 담긴 것은 욕망뿐   243
커튼 뒤에 숨어있는 너   249

1부

오늘과 같은 내일이
다시 찾아오리라고
생각하지 마라

이 땅에 너의 안식은 없다

그대의 오늘은 최악이었다. 내일은 오늘보다 더 나쁠지도 모른다. 그것을 알면서도 그대의 청춘은 내일을 준비한다. 그것이 인생이라는 나그네의 길임을 그대는 알고 있기 때문이다.

인생의 목적은 전진이다. 오직 앞으로 나아가고자 허기진 배의 소란을 무시한다. 저만큼 언덕이 있고, 작은 강물이 흐르고, 늪이 있고, 암벽이 가로막고 있다. 걸음을 옮기기에 부담이 없는 무른 흙길과 평탄한 시내와 아름다운 숲만을 거닐려고 해서는 안 된다.

머나먼 항해를 떠난 배는 바다에서 풍파를 만난다. 풍파 없이 배가 항구에 닿을 수는 없다. 그래서 시련은 전진하는 자의 벗이다. 절망에서 생의 기쁨을 만나게 되는 것이다. 파도가 치지 않는 바다처럼 지루한 것이 또 있을까. 절망이 더해질수록 내 가슴도 기쁨으로 두근거린다.

번민 없는 인생이 어디 있을까. 번민은 욕심에서 태어난다. 다행히 우리에게는 욕심보다 강한 무기가 있다. 진리를 갈망하는 마음이다. 진리를 찾고자 하는 마음이 욕심보다 약해졌을 때 우리는 정의의 길에서 멀어진다. 아니, 정의라는 단어를 잊어버리게 된다.

신은 우리에게 충분한 선을 베풀지 않았다. 우리에게는 타고난 선이 부족하다. 신이 우리에게 베푼 선으로는 선과 악을 판단하는 정도밖에 쓰임이 없다. 우리 안에 선한 성질이 있다는 것은 우리가 선하게 살 수 있을지도 모른다는 가능성에 불과하다. 그러므로 인간은 자기를 위해서라도 내부의 선함을 지속적으로 발전시키려는 노력이 필요하다.

인생은 그 같은 목적을 달성하는 데 필요한 몇 십 년의 한정된 시간인지도 모른다. 진리가 우리에게 기쁨을 안겨주고 평안을 베풀지는 못한다. 그런데 왜 인간은 진리를 찾는가. 이 보잘것없는 짧은 생애 동안 진리를 추구했다는 기만이 마음에 평안을 주기 때문이다.

소크라테스는 살기 위해 먹고 마시는 사람이 되라고 가르쳤다. 먹고 마시기 위해 사는 것은 악인이라고 했다. 소크라테스가 죽은 후 세상은 먹고 마실 것이 더욱 많아졌고, 그럴수록 인간은 먹고 마시는 것에 더욱 집착하게 되었다.

그대 젊은이들이여, 역사와 그대들이 기억하는 영웅들이 걸어온 길을 보라. 그들의 삶은 고통의 입구에서 출발했고, 자기희생의 강요를 통해 완성되었다. 자기를 희생할 줄 아는 사람만이 훗날 영웅으로 불리게 되었다.

　젊은이들이여, 돈과 명예에 한 번뿐인 삶을 팔지 말라. 돈과 명예는 부도덕한 자들과 동행하지 않는 한 그대들을 반기지 않는다. 물질과 직위는 사람의 성품을 얕은 여울로 인도하는 사막의 물길임을 기억해야 한다.

　가진 자는 더 많은 것을 가지려고 탐욕에 길들여지고, 이름을 얻은 자는 그 이름 앞에 굴복하는 이름들을 늘리려고 무고한 이름들의 희생을 계획하게 되는 법이다. 가진 자는 빼앗김을 두려워하고, 이름을 얻은 자는 기억되지 못함을 두려워하며 산다.

　가진 자의 관심은 가진 것들을 향하고, 이름을 얻은 자의 관심은 그의 이름에만 갇혀버리게 되는 것이다. 그런 자의 영혼은 비워진 항아리와 같아서 겉으로 보기에는 속이 어두워 그 안에 무엇이 들어있을 것이라고 기대하게 만들지만 직접 손을 뻗어 더듬어 보면 차가운 옹기그릇에 손가락이 아릴 뿐이다.

　그대의 눈에서 눈물이 쏟아지지 않고는 진리의 골짜기에서 길을 찾지 못한다. 그대의 마음이 추악한 이기심에 병들어 절망을 토해내지 않는 한, 그대의 영혼은 빛을 알지 못한다. 슬픔과 괴로움 속에서 기쁨을 찾지 못한 청춘은 인생의 지혜에 닻을 내리지 못하고 삶이라는 바다 위를 언제까지나 외로이 떠돌게 될 것이다. 고뇌의 기쁨을 맛보지 못한 청춘은 청춘이 아니다. 살아있어도 살아있는 게 아니다.

그대의 오늘은 최악이었다. 내일은 오늘보다 더 나쁠지도 모른다. 그것을 알면서도 그대의 청춘은 내일을 준비한다. 그것이 인생이라는 나그네의 길임을 그대는 알고 있기 때문이다. 지상에서는 그대의 곤한 육신을 편히 쉬게 해줄 수 있는 안식의 땅이 없음을 그대는 알고 있기 때문이다.

평안과 안식과 행복과 족함은 그대에게서 삶의 의지를 빼앗는 적이다. 그대의 삶이 평안과 안식과 행복과 족함을 누리게 되었을 때 그대의 삶은 사육자의 의지를 따르게 된다는 것을 명심하라. 그대의 삶이 거대한 우리가 됨을 명심하라.

산이 눈앞을 가로막고 있다

> 실패는 예고도 없이 도처에서 우리를 기다리고 있다. 아무리 똑똑해도 사전에 실패를 막아내지는 못한다. 대신 실패를 밟고 그 속에서 새로운 길을 발견할 힘이 우리에게 주어졌다.

등산의 기쁨은 정상을 정복했을 때 가장 크게 빛난다. 그러나 최상의 기쁨은 험준한 산을 기어 올라가는 순간에 있다. 길이 험할수록 가슴이 설렌다. 인생에서 고난이 사라졌다고 생각해보라. 그보다 삭막할 수는 없으리라.

우리는 젊은 날에 산을 올라야 한다. 젊음은 그 자체가 거대한 산이기도 하다. 그 산이 평지가 되기 전에 최선을 다해 올라야 한다. 젊은 시절에 자신의 산을 오른 자는 늙어서 산의 풍성함을 맛보게 된다.

사람은 누구나 자신의 산에 오르기를 꿈꾼다. 어떤 사람은 그 열망이 지나쳐 병이 되기도 한다. 산을 오르기란 사실 그렇게 어려운 일이 아니다. 단지 올바른 방법을 모르기 때문에 실패하기도 한다.

청춘 독설

성공에 집착하는 사람일수록 타인의 성공을 시기한다. 시기 끝에 헛소문을 퍼뜨리고 중상모략을 시작한다. 이런 방법으로는 절대로 그보다 빨리 산 정상에 도달하지 못한다. 자기 능력과 체력을 고려하지 않고 단숨에 뛰어오르려는 사람도 성공하지 못한다. 일시적으로 남보다 빠를지 모르나 시간이 지날수록 뒤쳐진다.

산에 오르고 싶다면 남을 떠밀어서도 안 되고, 자기 능력보다 무리해서도 안 된다. 정상을 바라보며 한눈팔지 말고 묵묵히 걸음을 옮겨야 하는 것이다. 너무나 평범한 방법이지만, 이것이 산을 무사히 정복하는 최고의 방법이다.

인생이 고달퍼지는 까닭은 경쟁적 성공이 행복의 근본요소라고 믿었기 때문이다. 성공이라는 감정이 인생을 즐기는 데 도움이 된다는 것을 나는 부정하지 않는다. 예를 들면 청년시절에는 존재감이 미미했던 화가가 중년 이후 자기 재능을 인정받음으로써 행복해질 수가 있다.

돈의 힘으로 행복을 만끽할 수 있다는 것도 부정하지 않는다. 그러나 돈으로 산 행복에는 한계가 있다. 성공은 행복을 부르는 데 지불되는 한 가지 요소임에는 분명하지만, 성공을 위해 그밖에 다른 요소를 희생시킨다면 성공을 제값보다 더 비싸게 구입하는 셈이다.

누구의 도전이 가장 영광스러울까? 한 번도 실패하지 않고 산꼭대기에 오른 사람에게는 좌절이 없다. 그래서 영광도 없다. 반면에 실패할 때마다 조용히, 그러나 힘차게 다시 일어선 사람에게는 영광이 주어진다. 그에게는 좌절을 떨치고 일어났다는 아문 상처가 새겨져 있으며, 절망의 끝이 어디쯤인지를 알고 있는 눈동자가 있기 때문이다.

산을 정복하고 싶다면 산 정상의 방향이 바뀌어져서는 안 된다. 처음에 목표한 그 산봉우리를 포기하지 않는다면 반드시 정상에 닿게 된다. 사람들이 등반에 성공하지 못하고 중도에 포기하는 까닭은 산길이 험해서가 아니다. 처음 목표했던 산 정상을 포기하고 다른 산봉우리를 쳐다봤기 때문이다. 그래서 내려갔다가 다른 길로, 다른 산으로 걸음을 옮겼기 때문이다. 우리에게 주어진 시간은 거의 같다. 시간이 무한정 허락된 적은 없다.

실패하는 사람의 특징은 그 길이 불행하다는 것을 뻔히 알면서도 그리로 간다는 점이다. 우리 앞에는 불행과 행복의 두 갈래길이 있다. 우리는 둘 중 하나를 선택해야만 한다.

실패를 단지 실패로 받아들이는 사람은 지혜롭지 못하다. 실패 앞에서 눈물 흘리는 사람이 되어서는 안 된다. 실패를 새로운 출발점으로 이용할 수 있게 되었을 때 우리의 삶은 정복된다. 실패를 모면할 길은 어디에도 없다.

실패는 예고도 없이 도처에서 우리를 기다리고 있다. 아무리 똑똑

해도 사전에 실패를 막아내지는 못한다. 대신 실패를 밟고 그 속에서 새로운 길을 발견하는 힘이 우리에게 주어졌다. 실패가 삶을 자극한다. 우리는 실패를 자극으로 이용할 만큼 이기적인 생물임을 잊어서는 안 된다.

　인생에서 가장 큰 고난은 우리가 얻고자 노력하지 않았다는 데 있다. 무언가를 얻기 위해 장애물을 뛰어넘거나 치우려고 하지 않았다는 데 있다. 그것이야말로 우리의 앞날을 가로막는 고난의 정체였다.
　인내를 그대의 의복으로 삼아라. 의복을 벗고 다니는 것이 부끄러워지리라. 인내를 벗지 않는다면 수치를 당할 일도 없으리라.
　신념을 그대의 양식을 삼아라. 육신의 굶주림으로 고통 받지 않게 되리라. 신념을 잃은 인간처럼 불행한 인간은 없다. 실패하고 낙오하는 자들은 대개 참을성이 부족하거나 신념을 갖지 못하고 이리저리 흔들렸던 사람들이다.
　시간이 언제나 우리를 기다려줄 것이라고 착각하지 말라! 게을리 걸어도 언젠가는 목적지에 도착할 날이 오리라고 기대하지 말라. 하루하루 전력을 다하지 않고는 그날의 보람은 없다. 보람 없는 날들의 반복으로 최후의 목표가 달성될 리 없다. 위대한 인생은 눈에 보이지 않는 성장을 통해 이룩되었음을 기억해야 할 것이다.

아직 죽음은 아무것도 가져가지 않았다

> 인간의 사상과 정의, 영웅적인 실천은 단편적인 세월로는 역사에 기록되고도 남지만, 기나긴 시간 속에서는 선사시대의 유충만도 못하다. 위대한 것들은, 용감한 것들은 이빨에 검은 구멍을 뚫는 분해되지 못한 음식물 찌꺼기만도 못하다.

    나이가 들고부터는 무엇을 봐도 예전처럼 흥미가 일어나지 않는다. 재미난 사건을 목격해도 누군가에게 달려가 이야기하고 싶다는 욕구가 일어나지 않는다. 어느새 내 안에서 열정이 사라졌다.

    아름다운 여인도 나의 마음에 불을 지피지 못하고, 사랑스런 말도 내 귀를 간지럽히지 못한다. 감각은 날이 갈수록 둔해지기만 한다. 뭔가를 생각해도 끝에 다다르지 못하고 중도에 사라진다. 여러 가지 희망과 상상들도 덧없이 사라지기 일쑤다. 포기는 내가 하루에도 몇 번씩 찾아 헤매는 사랑스런 단어가 되었다.

    그에 비해 세월은 점점 더 힘이 솟는 듯하다. 내가 의미를 찾아내기도 전에 벌써 저만치 달아나서는 나의 손이 닿지 않는지를 확인하고 있다. 내 앞으로 달려가는 세월을 보고 있으면 걸음을 떼기도 전에 지쳐버린다. 세월이 나의 속도에 보조를 맞춰줄 리가 없음을 알고 있기에 시작도 하기 전에 지루함을 느낀다.

기력이 쇠약해진 노인은 혼자 비틀거리며 반겨주는 사람이 없는 거리를 맴돈다. 그러다가 지치면 구석진 자리에 쪼그리고 앉아 과거의 젊었던 그를 추억하고, 지나간 세월들의 그림자를 더듬으며 아직 뭐가 남아있지 않을까 기대해본다. 그럴 때마다 죽음과의 거리가 조금씩 좁혀지는 게 느껴진다. 죽음은 햄릿의 대사를 중얼거리며 내 곁에 앉는다.

"아직 죽음의 손이 가져간 것은 없다. 잠도 오지 않는 밤들이 계속되던 어느 날 갑작스레 눈이 감겨 깊고 깊은 잠에 빠져버린다면 그때는…."

나뿐만이 아니다. 사람은 누구나 나와 같은 꿈을 꾸고 있을 것이다. 단지 말하고 싶지 않은 것뿐이다. 이처럼 덧없이 사라지는 인생에 확실성을 보장해주는 철학과 가치는 없다. 고통도 영원하지 않고, 사랑도 불멸은 아니다. 처음 정한 목표에 도달할 때까지 수고와 번거로움을 감당하는 사람이 많지 않은 게 당연하다.

아름다운 얼굴도 세월이 가면 표정이 추해지고, 불붙은 열정은 단 한 번의 실패에 끝없는 좌절로 바뀐다. 신에게 평생을 귀의하겠다던 사제들의 결심도 유혹과 물질에 하잘것없이 쓰러지는 것을 보면서 구원에 대한 갈망조차 인간을 잡아두지 못하는데, 세상만사 그 무엇이 나의 흔들리는 마음을 붙잡을 수 있는지 또 한 번 비웃음만 나온다.

천지간에 흥망은 시간의 장난질을 감당하지 못한다. 영웅도, 국가도 시간 앞에 무력하다. 세월은 모든 것을 녹이는 거대한 용광로처럼 우리의 삶을 조금씩 녹여 이름 없는 대지에 부어버린다. 우리의 숱한 노력과 불면의 밤들은 시간이라는 분초에 휩쓸려 발견조차 안 된 원자핵처럼 아스러져 간다.

인간의 사상과 정의, 영웅적인 실천은 단편적인 세월로는 역사에 기록되고도 남지만, 기나긴 시간 속에서는 선사시대의 유충만도 못하다. 위대한 것들은, 용감한 것들은 이빨에 검은 구멍을 뚫는 분해되지 못한 음식물 찌꺼기만도 못하다.

세상에 진실한 것이 있을까. 진지하게 마주하고도 상처받지 않을 희망이 존재할 수 있을까. 세상은 그저 먼지 쌓인 침대와 같아서 인생은 눕기를 바라고, 잠들기를 바라고, 영원히 깨어나지 않기를 바라는 것 외에는 이렇다 할 소원도 없다. 사람을 자살로 이끄는 절망도 따지고 보면 찰나에 주어진 통증 같은 것이다.

절망은 우리에게 죽음을 보여준 적이 없다. 끈을 둥글게 말아 목에 걸라고 등을 떠민 적도, 낭떠러지에 올라 뛰어내리라고 가르친 적도 없다. 절망은 우리에게 아무 짓도 하지 않았다. 그는 자기에게 주어진 임무를 성실히 수행하고자 분별 있는 인간, 그래서 상처받은 인간의 침실을 정중하게 노크했을 뿐이다. 다만 지레 겁먹은 우리들이 절망을 죽음과 혼동하여 좌절하고 포기했던 것이다.

절망은 시간과 함께 찾아왔다. 시간이 지나면 그리워해도 두 번 다시 우리 곁으로 돌아오지 않는다. 절망의 형제인 희망도 다르지 않다. 희망은 우리에게 희망을 주었는가? 아니다. 단지 속여 왔을 뿐이다. 아주 오랜 시간 인간을 속여 왔다. 좀 더 기다리면, 좀 더 노력하면 내가 그대를 찾게 되리라, 그렇게 우리에게 거짓말을 했다.

얼마나 많은 사람들이 희망의 속삭임에 빠져 인내하고 노력했던가. 그 결과 저들은 희망이 절망이 되는 참혹한 순간을 온몸으로 버텨내야 했다. 희망이 우리에게 준 것이 있다면 언젠가 다시 가져갈 작정이기 때문이다. 희망이 우리에게 꿈을 주었다면 언젠가는 꿈에서 깨어나야 한다. 희망이 우리에게 삶의 목표를 주었다면 목표가 달성되는 순간, 우리의 노고는 누군가가 희망했던 대로 그에게 고스란히 바쳐지게 될 것이다.

그런 점에서 절망은 희망보다 솔직하다. 그는 우리에게 한 번 준 것을 다시 찾아가지 않는다. 우리가 이 진흙탕 같은 구차한 세계에서 빠져나와도 더럽혀진 시간들은 깨끗해지지 않는다고 말한다. 그래서 인간은 '세계외(世界外)'의 절대적 공간, 그리고 그 공간을 창조한 절대자를 의지하려고 한다. 이것은 욕망에서 비롯된 환상이다.

  우리는 낙원을 그리워한다는 이유로 낙원의 실체를 믿고 싶어하는데, 그리움은 떠나온 곳에 대한, 떠나간 자들에 대한 향수가 아닐 수도 있음을 인정해야 한다.

  그리움은 욕망의 절정으로 인간의 망상은 때로는 체험하지 못한 미지에 구애받을 때가 있다. 우리는 단 한 순간도 실재하는 낙원을 거닐어본 적이 없음에도 어딘가에(혹은 죽은 뒤에라도) 낙원이 실재하고 있으리라 믿는다. 그 믿음에 기대어 이 비참한 시간들과 맞서 싸워보지만, 막상 기대했던 낙원의 구성요소들이 모두 채워진 환경이 주어지면 인간은 또 다른 요구조건을 내세워 그곳을 피로 물든 전쟁터로 변모시키고, 새롭게 낙원을 개척하려 한다.

  다시 말해 우리는 미래의 행복을 추구하면서 행복의 유무에 대한 증거로 행복한 시절을 그리워하는 추억을 제시하는데, 진실은 그렇게 내세운 그리운 추억들이 모두 거짓이라는 데 있다. 만약 천국이 있고, 구원받은 자들이 천국에 입성한다면 그들은 수년 내에 새로운 천국의 조성을 위해 신께 기도드릴 것이다.

  결국 나이가 들어서도 어린아이와 마찬가지로 햇살이 내리쬐는 벌판에서 뜬구름만 쳐다보고 있다. 그 투명한 소립자의 무리가 우리 머

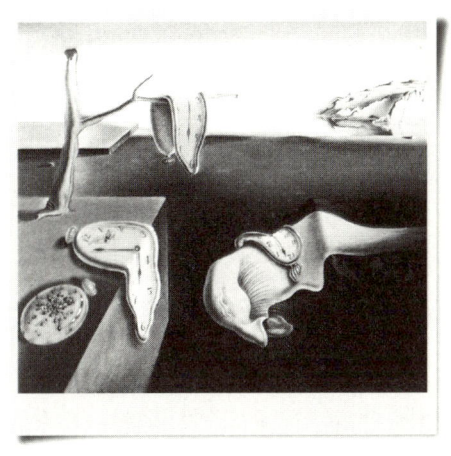

절망은 시간과 함께 찾아왔다.
시간이 지나면 그리워해도 두번 다시 우리 곁으로 돌아오지 않는다.
절망의 형제인 희망도 다르지 않다.
희망은 우리에게 희망을 주었는가?
아니다. 단지 속여왔을 뿐이다.
아주 오랜 시간 인간을 속여왔다.
좀 더 기다리면, 좀 더 노력하면 내가 그대를 찾게 되리라,
그렇게 우리에게 거짓말을 했다.

리 위로 그림자를 드리우는 주범임을 깨닫지 못한 채 말이다. 늙음의 덧없음보다 더욱 슬픈 인간의 자화상이다. 구름 너머에서 햇빛이 비치고 있듯이 삶의 기쁨은 언제나 과거, 또는 미래에만 존재한다. 오늘의 내가 손댈 수 없는 곳에만 기쁨이 넘친다.

우리는 몰락의 징조를 깨닫기 시작하는 노인이 되고서야 도덕을 이해하게 되고, 자신의 죽음이 가장 성스러운 가치를 지니고 있었음을 알게 된다. 그것이 인생의 유일한 열매임을 깨닫게 된다.

세월이 우리 곁을 따라다니는 이유는 우리를 착취하는 것뿐만 아니라 우리를 타락시키기 위한 목적이 숨어 있음을 나의 젊은 날이 알고 있었더라면 어땠을까. 병든 몸으로 내가 궁리해볼 수 있는 남겨진 과제는 이것뿐이다.

죽음을 위한 변명

> 고통과 쾌락은 서로 꼬리를 물고 있는 두 마리 뱀의 형상이다. 한 쪽의 고통으로 다른 한 쪽의 고통이 시작되고, 고통이 더해질수록 서로의 꼬리를 무는 힘도 강해진다.

아직 이르다고 생각될 때 죽음이 찾아온다. 보통 사람들은 대부분 그렇게 생각한다. 하지만 이것은 망상이다. 죽음은 그에게 꼭 필요한 순간에 이루어진다. 어린아이가 어쩔 수 없이 어른으로 성장하듯 죽음은 우리 곁으로 다가온다.

우리의 이성이 우리의 현실보다 항상 앞서나가고, 더 많은 충동에 휩싸이기 때문이다. 바꿔 말하면 우리의 현실이 우리의 이성을 만족시키지 못한다는 뜻이다.

영생은 시간을 인식하는 우리의 관념과 현재 진행 중인 삶의 의식 중 어느 쪽이 더 현실적인가를 질문하고 있다. 어느 쪽에 인생의 관점을 둘 것이냐고 묻는다. 영생 그 자체는 결과론이므로 실제의 우리 삶에 아무런 영향도 끼치지 못한다. 그보다는 자신의 쾌락이 누군가의 고통으로 가능해졌으며, 나의 고통은 다른 누군가가 원하는 쾌락 때문임을 자각하는 것이 더 중요하다.

행복은 희생을 동반하기 마련이다. 상실 없이는 기쁨이 없고, 절망 없이는 진리에 대한 감지도 없다. 고통과 쾌락은 서로 꼬리를 물고 있는 두 마리 뱀의 형상이다. 한 쪽의 고통으로 다른 한 쪽의 고통이 시작되고, 고통이 더해질수록 서로의 꼬리를 무는 힘도 강해진다.

삶과 죽음도 그와 같아서 삶에 더없이 집착하는 자에게 죽음은 더 빨리 찾아오고, 오히려 죽음을 기다리는 자에게 삶은 더욱 긴 시간을 펼쳐놓는다.

불명확한 인생에서 죽음보다 확실한 사실은 없다. 우리 모두에게 죽음이 찾아온다는 사실보다 명확한 전제는 없다. 죽음 앞에 놓인 인간의 운명은 오늘이 가고 내일이 올 것이라는 당연한 사실보다, 해가 지면 어둠이 찾아온다는 눈으로 목격한 사실보다 겨울이 가면 따뜻한 봄날이 시작되리라는 부푼 기대보다 더욱 명확한 진실이다.

그러나 사람은 내일을 준비하고, 어둠을 대비해 거실에 불을 밝히고, 봄을 기대하며 두꺼운 털옷은 정리해도, 내일 찾아올지 아니면 잠시 후 저녁에 찾아올지, 혹은 내년 봄에 찾아올지 모르는 죽음에 대해서는 아무런 준비도, 계획도 세우지 않는다.

우리는 항상 죽음을 떠올려야 한다. 그것이 우리에게 삶이 허락된 이유임을 깨달아야 한다. 우리는 죽기 위해 태어난 자들이다.

우리가 할 수 있는 죽음의 준비는 오직 이것뿐이다. 더 나은 삶을 살려고 노력하는 것. 두려움과 아쉬움과 남겨진 자들에 대한 걱정으로 죽음의 눈치만 보던 우리들이 당당하게 죽음과 대면하여 공포도, 후회도, 근심도 없음을 확인시켜주는 것. 보다 나은 삶이 우리를 죽음으로부터 지켜주는 유일한 보호막임을 기억해야 한다. 좀 더 의연하게 죽음이라는 숙명을 받아들일 수 있게 해준다.

죽음이 두려운 까닭은 공허와 암흑을 떠올리게 만들기 때문이다. 그리고 우리가 공허와 암흑을 두려워하는 까닭은 도처에 흩어져 있는 우리의 삶을 제대로 돌아보지 못하기 때문이다. 육체적 죽음은 공간에 속한 육체와 시간에 대한 인지를 소멸시키지만, 삶을 이루는 기반, 즉 세계와 존재 사이에 이룩된 특수한 우정은 깨뜨리지 못한다.

그러므로 우리는 죽음이 우리에게 선물한 고통에 감사해야 한다. 고통을 알지 못하는 자에게 이성은 쓸모가 없다. 동물, 그리고 동물로서의 인간이 저지르는 활동은 어떤 식으로든 고통을 동반한다. 그 병적인 감각에 익숙해지면서 타자(他者)에게로 고통의 확대를 시도한다. 자신의 병적인 감각을 제거, 혹은 축소시키기 위해 고통의 전반적인 확대를 계획하는 것이다.

우리가 각자의 삶에서 선별하고 시도하는 모든 활동은 결과적으로 자신의 고통뿐 아니라 타인의 고통으로 이어지고, 이는 곧 죽음의 감각을 일깨우는 필요조건이 되곤 한다.

그러나 동물과 동물로서의 인간은 고통 때문에 파괴되지는 않는다. 내구성이 강해서도, 고통에 대한 면역력이 강화되어서도 아니다. 고통에 의해 비로소 완성되는 존재이기 때문이다. 고통은 인간을 포함한 모든 생명체가 걸어가야 할 필수 과정이다. 절대로 사라질 리 없는 유일한 길이다. 그 끝에 죽음이 있다. 죽음이야말로 우리를 완성시키는 강력한 본성인 것이다.

세상에 평등에 대해 들어본 적이 없다

> 밤하늘의 별에게 인간의 생애는 등에 짊어지고 걸어가면 걸어갈수록 등허리가 휘어지는 노새의 짐이다. 인생 그 자체가 인간에게는 짐이다.

　밝은 햇살이 내리쬐는 대지 위에 온갖 종류의 불행과 좌절과 죽음들이 널브러져 있다. 사람들은 사는 게 괴롭다는 말을 쉴 새 없이 반복하면서도 그 지겹고 힘든 삶을 종말로 이끌어줄 사고와 사건과 질병을 회피하기에 여념이 없다.

　나는 태양이라는 우주에서 가장 밝은 행성이 달에게 그랬던 것처럼 지구에게도 흥미를 잃어주었으면 한다. 비굴과 후회가 난무하는 지상의 인간들을 어둠에 묻어버렸으면 한다. 지구의 표면도 달의 껍질처럼 얼어붙게 내버려두었으면 한다. 내가 태양을 볼 때마다 생각하는 것은 그것 하나다.

　인간의 생애는 허망한 축복과 평화롭고 안정적인 노화과정을 방해하는 사건들로 나눌 수 있다. 많은 재물을 소유한 자들, 사람 위에 군림하는 권력자들, 천국이 저희 것인 양 함부로 면죄부와 구원을 판매하는 목사들마저도 나이가 들면 그들이 누리는 권위와 명성, 물질보다 나이를 먹고 몸에서 빠져나간 혈기와 기운과 탄력을 잃은 주름진 피부를 그리워한다. 천국이 가까워졌음에도 밤마다 욕정에 시달려 침상을 뒹굴던 수십 년 전의 보잘것없는 '그'를 그리워한다.

젊은 시절 빈곤한 자를 짓밟고, 같은 꿈을 향해 달려가던 옆자리의 동료를 절벽 밑으로 떨어뜨리며 눈에 보이는 모든 지위와 재물을 손에 움켜쥐려던 거대한 욕망은 나이와 더불어 세상에 초연해진다. 그가 살아온 시간에 실망하게 된다.

현재의 위치까지 올라오는 데 필요했던 분노와 시기와 잔인이, 실은 나를 기만한 하찮은 사건들에 불과했음을 고백하게 된다. 가진 자에게도, 다스리는 자에게도 인생은 미궁이며, 장수는 징계다. 삶이 우리에게 안겨주는 단 하나의 공평이다.

몇 대씩 장수하는 집안이 있다. 할아버지도, 아버지도, 그 자신도 사랑하는 가족이 죽은 후에도 홀로 끝까지 살아남아 자신의 인격을 모욕하고 저주하며 쓸쓸한 죽음을 맞이한다. 오히려 잊지 않고 찾아와주는 죽음에 고마운 마음이 들 정도다. 그들이 살아온 시간을 열거하자면 골동품 가게의 진열대에 올려진 먼지 쌓인 상품이다. 나름대로 이야깃거리가 있고, 추억이 있고, 놀랄만한 반전과 위험을 헤쳐온 생생한 목격담이 가득하지만 듣는 사람 입장에서는 지겨움밖에 남는 게 없는 싸구려 동화책이다.

할아버지도, 아버지도, 그 자신의 이야기도 다 들어줄 필요가 없다. 그의 할아버지가 살아온 인생이 그의 아버지가 살아온 인생이며, 곧 그 자신이 살아온 인생이다. 같은 이야기를 주인공 이름만 바꿔가는 곳마다 떠들어대는 소리꾼의 레퍼토리와 비슷하다. 1회 상영으로 족한 연극이 철마다 반복된다. 보는 사람 입장에서는 지겹다 못해 나중에는 미쳐버릴 것 같다. 막이 올라가고 주연배우가 등장해 첫 대사만 읊조려도 연극의 결말이 보인다.

인간의 장수는 드넓은 밤하늘에 떠 있는 작은 별이다. 그 별에 이름을 붙이는 자도 없고, 특별히 기억하려는 자도 없다. 비슷비슷하게 생긴 별도 일일이 손으로 세기 힘들 만큼 많다. 그렇다고 별이 혼자 밤하늘을 비춰줄 수 있을 정도로 밝은 것도 아니다. 이런 별들의 일과는 무척 단순하다. 비극이 연출되는 지상을 몰래 훔쳐보는 것이다. 지상은 가장 행복한 순간마저도 권태가 숨어 있는 모순의 연속임을 상기했을 때 밤하늘의 별처럼 소모적이고 비생산적인 존재도 드물다.

수천 년, 아니 수억 년 넘게 지구의 밤하늘을 떠도는 별들이 마지막에 내리는 결론은 다음과 같다. 지상에 부러운 인간은 한 명도 없다는 것이다. 반대로 불쌍한 인간들은 헤아릴 수 없을 만큼 많다. 밤하늘의 별에게 인간의 생애는 등에 짊어지고 걸어가면 걸어갈수록 등허리가 휘어지는 노새의 짐이다. 인생 그 자체가 인간에게는 짐이다.

문득 이런 생각을 해보았다. 인간의 성행위에서 생리적인 욕구와 쾌락이 사라진다면 세상은 어떻게 변할까. 성행위의 근본이 논리와 추리적 사고, 인류의 지속을 위한 사려 깊은 행동으로 변질된다면 이 세상이 어떻게 될 것이냐는 의문이다.

과연 그런 시점에서도 인류는 지금처럼 번영할 수 있을까? 집집마다 아이들 울음소리가 문 밖으로 새어나올까? 갓난아기를 달래면서 그가 흘릴 눈물과 그가 떠받들어야 할 무거운 짐들과 강제로 끌려갈 수밖에 없는 이 악한 시대의 규범들에 분노하지 않을 수 있을까? 갓난아기의 어깨 위에 냉정하게 생존의 무게를 올려놓을 수 있는 부모가 있을까?

아마도 정상적인 사고방식의 부모라면, 최소한 자기 머리로 그동안의 힘겨웠던 시간들을 반추해볼 수 있는 부모라면, 감히 그 같은 범죄를 저지르려고 하지는 않을 것이다. 아무리 무자비한 인간일지라도 한 번쯤은 망설이게 될 것이다.

그렇다면 이 세계의 존속은 논리와 추론이 사라진 무리들의 방종한 행위에 의해 이루어지고 있다는 뜻이다. 인구의 증가와 국가의 팽

창은 구성원들의 어리석고 무책임한 반인륜적 행위가 증가하고 있다는 뜻이다. 따라서 이 세계를 지속시켜주는 근간은 일종의 범법행위라고 규정할 수 있으며, 범죄가 당연시되는 사회는 인간의 인식이 미치는 범위 내에서 지옥밖에는 없다. 그러므로 세계는 지옥이다. 지옥 같은 세계에서 인류는 서로 들볶고, 괴롭히고, 저주하고, 수탈하는 망령이다.

눈에 보이지 않는 유령이 우리를 공포로 몰아넣는 것이 아니라 나를 낳아주신 부모님이, 내가 사랑하는 아내와 남편이, 나를 쏙 빼닮은 천사 같은 아이가 내 인생이 끝나는 날까지 끈질기게 따라다니며 핍박하는 악령인 것이다.

내가 이런 말을 하면 나의 철학에는 위로가 없다며 세상 사람들은 비난하겠지만, 나를 향한 비난은 세상을 창조하신 이가 있으며, 그가 만물을 지으셨고, 절대자이기에 이 비굴한 삶도 그의 의지에 따라 얼마든지 구원받을 수 있다는 거짓말이 듣고 싶어 교회 목사를 추궁하는 가난한 성도들의 욕심과 다르지 않다. 나는 굴복할 의사가 없다. 왜냐하면 내가 하는 말은 모두 진실이기 때문이다.

교회에 나가는 것을 욕할 생각은 없다. 하지만 나를 귀찮게 해서는 안 된다. 세상에 구원이 있고, 질서가 있고, 사랑과 화평이 넘친다는 말이 듣고 싶다면 교리나 성서를 개정하는 편이 더 빠르다. 나의 철학에서 신앙문답과 같은 죄 사함의 기만을 갈구해서는 곤란하다.

당신들의 주문에 응할만한 장사꾼은 대학강단에 널리고 널렸다. 돈 몇 푼만 던져준다면 기대 이상으로 인류의 삶을 아름답게 포장해 줄 사이비 철학자들이 널리고 널렸다. 그들을 찾아간다면 얼마든지 원하는 답을 얻을 수 있다. 철학교수가 매년 발표하는 성선설(性善說)을 내게 기대해서는 안 된다. 나는 인간의 낙천을 비관으로 만드는 재주밖에 없는 사람이기 때문이다.

죽은 자들의 목소리가 우리를 지배하고 있다

> 인간의 나약한 정신은 힘들게 자신의 이해와 통찰을 동원하기보다는 타인이 떨어뜨린 몇 마디 말을 잽싸게 주워담아 아무도 없는 곳에서 몰래 삼킨 후 배설하기를 더욱 즐겨한다.

인간의 정신이 도달할 수 있는 정점은 판단이다. 판단을 타인에게 의존하지 않고, 타인의 의사를 수용하지 않는 것, 그것이 인간 정신의 정점이다. 자기 스스로 결정한다는 것만큼 개체로서 완성도와 독립성을 보여주는 증거는 없다.

판단은 스스로 사색하지 않고서는 불가능하다. 제시된 의견을 비판하고 보완하고, 새롭게 정립하는 과정이야말로 사색이라는 직관적 표상의 완성형이라고 할 수 있을 것이다. 이처럼 스스로 판단할 수 있게 된 인간은 제국을 다스리는 황제처럼 정신적 세계에 자기만의 영토를 다스릴 수 있게 된다.

이에 반해 범인(凡人)은 제국의 소시민처럼 수용과 복종을 최고의

미덕으로 삼는다. 그들이 평상시에 자주 보여주는 표정과 즐겨 쓰는 몇 개의 단어만 파악하면 그가 얼마나 오랫동안 복종을 일삼았는지 알게 된다.

  한 가지 주의할 점은 판단과 권위를 혼동하지 말라는 것이다. 세상 사람들은 난제와 부딪혔을 때 권위를 따르면서도 의기양양하게 스스로 판단한 것처럼 착각에 빠지곤 한다. 권위를 갖춘 말을 인용했을 뿐이면서 마치 자신이 직접 고안해낸 결론인 것처럼 스스로를 속이곤 한다.

  인간의 나약한 정신은 힘들게 자신의 이해와 통찰을 동원하기보다는 타인이 떨어뜨린 몇 마디 말을 잽싸게 주워담아 아무도 없는 곳에서 몰래 삼킨 후 배설하기를 더욱 즐겨한다. 손수 수고하여 바구니에 담은 과일보다 남들이 먹다버린 썩은 과육의 배설물을 더욱 신봉하는 것이다. 우리 주위에 이마저도 어려워 하는 인간들이 많다는 점에서 그들은 손쉽게 지식인, 양식 있는 학자라는 이름표를 취득하곤 한다.

  세네카의 한탄처럼 "인간은 스스로 판단하기보다는 누군가의 말을 믿고 싶어한다."

  그러므로 논쟁이 시작되었을 때 사람들이 주로 선택하는 무기는 누군가의 권위다. 그들이 보유한 무기는 따지고 보면 닳고 닳은 명성이며, 우리 시대에 어울리지 않는 철지난 갑옷이다. 이런 자들과의 논쟁은 굉장히 소모적일 수밖에 없는데, 자력으로 확보한 근거와 논리로 판단하더라도 권위에 취한 자들을 깨우기가 쉽지 않기 때문이다. 마치 죽음도 피해가는 지크프리트(Siegfried : 게르만의 주신 오딘의 후손으로 용을 퇴치할 때 용의 피를 뒤집어써 불멸의 존재가 되었다고 함)와 같다.

창과 칼, 불에 태워도 다시 살아나는 지크프리트처럼 그들이 신봉하는 권위는 논리에 의해서도, 논증에 의해서도, 확고한 근거에 의해서도 물리칠 수가 없다. 그들은 타인이 쟁취한 자발적 논리를 인정할 줄 모른다. 그들에게는 사라진 자들의 권위가 오물처럼 묻어 있기 때문이다. 죽은 자의 들리지도 않는 목소리가 그들이 인정하는 유일한 판단이다.

내 안에 악마가 숨어 있다

사람은 가장 많이 아파할 때 참된 기쁨의 의미를 누리며, 내 생에서 오늘이 가장 빈곤한 하루라는 생각이 들었을 때 가장 큰 것을 갖게 되고, 더 이상은 억압을 견디지 못하겠다고 실토했을 때 자유가 무엇인지를 알게 된다.

    투쟁은 나를 살아 숨 쉬게 만드는 힘의 원천이다. 나의 삶은 투쟁의 연속이다. 나는 살기 위해 죽음과 싸우고, 죽음이 정해 놓은 그때와 싸우고, 배고픔과 싸우고, 내일을 위해 불면의 밤과 싸워야 한다.

    나의 투쟁은 내면에서만 벌어지지 않는다. 나는 외부적으로도 싸우고 있다. 어두컴컴한 곳에 숨어 미덕이라는 가면을 쓰고 있는 야심가들과 싸우고, 향락을 즐기는 것은 인색하지 않기 때문이라고 변명하는 젊은 친구들과 싸우고, 증오와 질투로 길 잃은 양들을 괴롭히는 이유가 진리를 사랑하기 때문이라고 말하는 교회와 싸운다.

    권력욕은 야심이 아니라 뭔가를 생산하고 싶은 충동이라고 둘러대는 나의 정체성과도 싸워야 한다. 게으름은 성공에 대한 포기에서 비롯되었으며, 그것은 귀족들과 시인들의 비겁한 변명에 세뇌된 내 어린 시절과의 투쟁임을 깨달아야 한다. 한편으로는 지금 이 순간에도 온전히 신을 향해 나아가고 있다는 나의 방만한 자기 확신과도 싸워야 한다.

회귀(回歸)란 연어만의 본능이 아니다. 선(善)의 경지에 도달하려면 우리 또한 왔던 곳으로 되돌아가야 한다. 그 동안 나는 바다의 풍요로움에 너무 오래 젖어 있었다. 이제라도 담대해져야 한다. 시도를 두려워하는 자에게는 결과도 없다. 모든 결과에는 과정이 필요하다. 과정이 고통스러울수록 결과는 달콤하다. 나무는 아픔으로 성장한다. 겨울의 매서운 북풍이 봄을 향한 나무의 갈망을 대담하게 만든다.

사람은 가장 많이 아파할 때 참된 기쁨의 의미를 누리며, 내 생에서 오늘이 가장 빈곤한 하루라는 생각이 들었을 때 가장 큰 것을 갖게 되고, 더 이상은 억압을 견디지 못하겠다고 실토했을 때 자유가 무엇인지를 알게 된다. 역설적이게도 인간은 죽어야만 안식에 이른다. 살아있는 순간순간들이 기쁘고 즐거워도 영원한 안식은 죽음이라는 가장 두려운 순간을 경험해야만 내 것이 된다. 죽음이라는 굴욕이 우리를 영광으로 인도하는 것이다.

내 안에는 악마가 숨어 있다. 이 악마는 내가 느끼는 현재의 감정과 기분이 최선이라고 소곤거린다. 이것이 너에게 허락된 유일한 안식이라고 나를 세뇌시킨다. 나는 감정과 기분이 생태학적인 변화에 민감하다는 것을 알고 있다. 그러면서도 악마가 내 안에서 속삭이는 달콤한 이간질에 넘어가 쉽게 화를 내고, 슬퍼하고, 우울했다가도 다시 기분이 좋아지곤 한다.

이 악마는 나와 함께 인생의 고통스런 장면들을 목격한 나의 일부다. 선과 악은 장소와 시간을 불문하고 공존한다. 이것은 신의 결정이다. 그 결정을 나는 번복할 수 없다. 다만 최선을 다해 악마의 목소리를 어떻게든 줄여보려고 시도할 뿐이다.

내 안의 악마는 나의 약점이 무엇인지 잘 알고 있다. 그는 나의 서러움이 무엇인지 알고 있다면서 저들이 지워버리고 싶은 너의 과거를 야비하게 비웃고 있다고 말한다. 그 음성을 듣는 동시에 나는 감정을 주체할 힘을 상실한다.

눈빛은 이글거리고, 콧김은 발정한 황소처럼 거칠어진다. 상대방이 어떤 뜻으로 내게 그런 말을 했는지 생각해볼 여유도 없다. 잠시 숨을 돌리고 내 감정을 다독거릴 기분도 아니다. 실컷 욕을 퍼붓고 난 후에야 어리둥절해 하는 그의 표정이 눈에 들어온다. 그때는 이미 후회해도 소용없다.

가끔은 내 안에서 악마를 키운 장본인이 나였는지도 모르겠다는 의심이 들곤 한다. 폭발할 듯 분출하려는 증오의 용암을 대신 뿜어줄 시도를 두려워하는 자에게는 결과도 없다.
모든 결과에는 과정이 필요하다.
과정이 고통스러울수록 결과는 달콤하다.
나무는 아픔으로 성장한다.
겨울의 매서운 북풍이 봄을 향한 나무의 갈망을 대담하게 만든다.

또 다른 나를 찾았던 것인지도 모르겠다는 생각이 들곤 한다. 만약 그게 사실이라면 이 악마는 그 동안 억울하게도 악마라는 이름으로 불려왔던 나 자신이다. 나라는 인간은 필요에 따라 나 자신을 악마로 만들어왔던 셈이다. 두려운 얘기다. 소름이 돋는다. 오늘처럼 내가 저주스러웠던 날은 없었다.

불성실한 행동, 타인에 대한 불순한 태도는 그 자태가 비록 아름다울지라도 결국에는 인생을 피폐하게 만든다. 사람은 자신의 위치를 깨달아야 한다. 우리는 선량한 삶을 살기 위해 태어났다. 보다 선량해지는 것이 인간의 목표다. 그 같은 경지에 도달했을 때 육신을 붙잡고 늘어지는 온갖 종류의 욕망과 불만에서 벗어나게 될 것이다.

어떤 사람은 법을 통해 인간은 악으로부터 벗어난다고 말한다. 하지만 이 말은 틀린 것이다. 우리가 추구해야 할 삶은 강제성에 영향을 받아서는 안 된다. 내 안에서 우러나오는 진심만이 나를 인도할 수 있다. 법과 원칙에 따른 행동은 범죄를 저지르고 싶은 마음을 되돌리는 데 불과하다. 설령 그것이 불가능할지라도 우리는 죄를 범하고 싶은 마음조차 가져서는 안 된다. 그러기 위해서는 스스로 각성하는 수밖에 없다.

삶이 죽음을 비굴하게 만들지 않는다

> 자연은 삶과 죽음이 본질적으로 차이가 없다는 것, 죽음이 삶을 위태롭게 만들지 않고, 삶이 죽음을 비굴하게 만들지 않는다는 것을 가르쳐준다.

　우리의 인생이 낮에 잠깐 꾼 꿈과 같다면 우리가 태어나기 전과 죽은 후에 펼쳐진 무수한 시간은 끝나지 않은 기나긴 밤과 같다. 겨울을 앞둔 곤충의 삶을 관찰해보자. 어떤 녀석은 동면을 대비해 굴을 파고, 어떤 녀석은 내년 봄의 부활을 위해 고치가 되기도 한다.

　그리고 대부분의 곤충은 겨울과 함께 찾아온 죽음의 신(神)에게 안겨 영원히 수면에 들어간다. 그 전에 적당한 곳에 알을 낳는 것으로 태어남의 의미를 확인한다.

　이것이 자연의 법칙이다. 자연은 삶과 죽음이 본질적으로 차이가 없다는 것, 죽음이 삶을 위태롭게 만들지 않고, 삶이 죽음을 비굴하게 만들지 않는다는 것을 가르쳐준다. 곤충이 알을 낳고 동면에 들어가는 것과 알을 낳고 그 밑에 사체로 쓰러져 다음해 봄에 태어날 새끼들에게 먹이로 공급되기를 희망하는 것은 밤에 내일 입을 옷과 먹을 음식을 준비하는 인간의 생활과 다를 바 없다.

죽음과 삶이라는 유희보다 더 큰 승부는 없다. 우리 눈에 보이는 모든 사물과 의지가 생사에 관련되어 있다. 우리는 극도로 긴장하며 불안한 마음으로 이 승부를 주시하지만, 자연은 이 작은 승패에 연연하는 법이 없다.

우리를 둘러싼 거대한 자연은 개체의 삶과 죽음이 자신과 관련이 없으며, 특별히 관심을 가진 적도 없다고 말한다. 그 증거로 동물과 인간의 생명은 사소한 우연에 맡겨져 어이없이 죽어간다.

지금 당장 거리로 나가보라. 이름 모를 벌레들이 기어 다닌다. 당신의 걸음이 한 발자국만 어긋나도 그 벌레는 삶에서 죽음으로 옮기어진다. 풀잎 사이를 느릿느릿 기어가는 달팽이를 보라. 몸을 움츠려 도망칠 수도, 뿔과 턱으로 자기보다 약한 생물을 사냥할 수도, 동굴에 숨을 수도 없다. 달팽이집에 몸을 숨기는 게 고작이다. 다른 생물의 질 좋은 먹잇감으로 사냥당하는 운명에서 벗어나지 못한다. 그래도 달팽이는 여전히 풀잎 사이를 힘겹게 기어 다닌다.

그런가 하면 물고기는 우리가 손으로 움켜잡을 수 있는 개울가를 유유히 헤엄치고 다니지만 손으로는 잡기 힘들다. 몸집이 둔한 두꺼

비는 개구리와 똑같은 모양새의 뒷다리가 있지만 뛰어오르지 못하고, 애써 잡목 틈에 둥지를 만들고 새끼를 쳐도 매는 공중에서 이 어린 것들의 목숨을 노린다.

갈대와 비슷한 색깔로 위장한 사슴도 늑대의 코를 피하지는 못한다. 강한 동물은 약한 동물의 피와 살로 연명하고, 약한 동물에게는 강한 동물의 발톱과 이빨에 대항할 만한 방어수단이 없다. 시시각각 다가오는 생명의 위협에도 무심히 풀을 뜯고 물가를 거닌다.

자연은 그의 피조물들을 알몸으로 내쫓았다. 약한 피조물은 강한 피조물의 위장을 채워주기 위해 생존을 연명해도 자신의 처지에 낙담하여 스스로 생을 포기하지도 않는다. 자연은 그들을 불쌍히 여기지도 않아서 맹목과 우발과 우연에 피조물의 한 번뿐인 생애를 의탁하고 있다.

자연이라는 우주의 어머니는 자신이 낳은 자녀들을 무수한 위험과 고난 앞에 방치한 채 방관만 하고 있다. 그들이 죽더라도 다시 자기 품으로 돌아오는 것을 알기 때문이다. 우리의 죽음은 자연에게는 태어난 곳으로 돌아오는 회귀, 오랜 방황 끝에 집으로 돌아온 귀소(歸巢)일 뿐이다.

이 말은 인간에게도 고스란히 적용된다. 자연은 우리를 낳은 부모인 동시에 우리를 죽음으로 몰아가는 최대의 위협이다. 우리의 삶과 죽음은 이 거대한 자연에게 아무런 영향도 미치지 못한다. 우리의 죽음에 자연이 상심하는 법은 없다. 우리의 죽음마저도 자연의 일부이기 때문이다.

개체의 죽음을 고찰했으니 이번에는 인류라는 종족에게로 눈을 돌려보자. 우리 앞에 가로놓인 아득한 미래에도 우리와 같은 모습의 세대들이 출현하게 될 것이다. 그들은 우리와 동일한 풍속, 다른 개인으로 우리와 같은 죽음을 맞이하게 될 것이다. 그들을 생각했을 때 한 가지 의문이 생긴다.

"그들은 어디에서 오는가? 그들은 지금 어디에 있는가? 세계를 잉태하고 미래를 출산하는 허무와 풍요는 어디에 숨어있는가?"

나의 의문에 자연은 이렇게 답변한다.

"실재가 있는 곳, 즉 현재의 내부, 현재에 존재하고 있는 사물의 안쪽이다. 너의 안쪽, 이토록 멍청한 질문을 던지는 너의 안이다. 너는 본성을 잊어버린 채 가을에 낙엽이 지는 모습을 보며 슬퍼하지 않고, 봄에 나뭇가지마다 초록빛으로 새롭게 단장하는 모습을 보고도 위로받지 못한다. '저 나뭇잎은 내 것이 아니다. 내 것과는 다르다' 라고 혼자 괴로워하고 있다."

나뭇잎이 계절에 따라 순환하듯 우리도 살고 죽음에 구애받지 말아야 한다. 인간에게 해줄 수 있는 말은 오직 이것뿐이다.

철학은 오늘의 절망에 대해 아무 말도 하지 않는다

> 철학은 과거의 재난과 미래에 대해서는 손쉽게 말해도 오늘의 절망에 대해서는 아무런 말도 하지 못한다. 우리의 불행한 오늘이 철학에서 항상 승리하는 이유다.

인생이 꿈이고 죽음이 깨달음이라면, 내가 나 자신을 다른 모든 것들보다 특별한 존재라고 생각하는 것 또한 꿈에 지나지 않는다. 우리들 각자가 항해에 나선 배라고 한다면 인생은 드넓은 대양이며, 이성은 나침반, 정열은 질풍이다.

인생은 느끼는 자에게는 비극, 생각하는 자에게는 희극으로 연출된다. 무대 위에서 가장 고의적인 죽음을 연기하는 것이야말로 가장 아름다운 결말이며, 삶은 타인의 의사가 구체화된 억압일 뿐이다. 그런 상황에서 죽음만큼은 우리의 의사로 선택할 수 있는 유일한 기회다.

지식과 힘은 동일하다. 원인을 알지 못하면 결과는 생겨나지 않는다. 자연에 복종하는 길만이 자연을 지배하는 수단이며, 자연을 고찰

한다고 해서 자연의 규칙이 정해지는 것은 아니다. 인간은 자연에 순응함으로써 자연계에 작용하는 인과법칙을 이해하게 되고, 이를 기초로 자연계를 지배할 수 있는 권력을 얻게 된다. 지(知)가 인간의 힘이다.

자기를 존중해야 할 정당한 이유를 찾는다면 우리 안에 내포된 의지를 꼽을 수 있다. 우리의 자유의지, 그리고 자유의지의 행사야말로 삶을 통찰하는 지식의 근본이며, 우리가 가진 힘의 원천이다.

비열한 욕망으로 의지라는 권리를 상실하지만 않는다면, 의지는 우리가 보유한 가장 위대한 힘으로 여기게 될 것이다. 우리 스스로 신과 동등한 지위를 얻게 된다는 뜻이다.

하지만 인간의 미덕은 언제나 악덕의 형상으로 나타난다. 이것은 결코 나쁜 의미가 아니다. 드러난 악덕이 사물에 대해 거짓을 말하지 않는다는 점에서 악덕이야말로 현 인류가 추구할 수 있는 최고의 미덕이기 때문이다. 철학은 과거의 재난과 미래에 대해서는 손쉽게 말해도 오늘의 절망에 대해서는 아무런 말도 하지 못한다. 우리의 불행한 오늘이 철학에게서 항상 승리하는 이유다.

철학은 이론이다. 이론이라는 것은 죽은 학문이라는 뜻이다. 그것만으로는 아무것도 이루지 못한다. 철학적인 삶은 날마다 죽음뿐이다. 책으로 배우기보다는 차라리 인간을 배우는 편이 낫다. 인간을 안다는 것은 각각의 개인을 아는 것보다 훨씬 쉬운 일이기에 철학은 개인이 아닌 인간에 대해서만 이야기하려는 것이다.

우리가 사소한 일에서 위로를 받는 이유는 사소한 일에서 고통 받기 때문이며, 신을 안다고 말하는 자 중에 신을 사랑하는 자가 극히 적은 이유는 형식과 진실의 거리가 비교도 안 될 만큼 멀기 때문이다. 행복을 손에 넣고 싶다면 인생의 목표가 행복이 되어서는 안 된다. 행복 이외의 다른 목표를 추구해야 한다.

어떤 사람은 말한다. 나 혼자만을 위한 행복은 원하지 않는다, 우리는 타인의 행복, 인류의 진보, 문명과 예술의 발전을 위해 헌신한다라고. 모두 거짓말이다. 그들의 수고는 개인의 야심을 채우기 위한 지극히 사적인 노력이다.

행복은 수단을 통해 달성되지 않는다. 어떤 목표를 향해 의지의 실천을 했을 때 길의 중간에서 우연찮게 얻은 물 한 모금 같은 것이다. 깃발이 꽂혀 있는 종점에 행복이라는 단어가 새겨져 있다면 그것은 진정한 행복이 될 수 없다. 그 깃발을 손에 넣기 위해 어디선가, 누군가와 무엇인가를 실천하고 있다면, 그의 삶은 진정한 행복을 만끽하지 못하게 될 것이다.

강해질수록 치명적인 상처를 입는다

모든 전투는 자신과의 싸움이다. 내가 강해질수록
나는 더욱 치명적인 상처를 입는다. 내가 휘두른
칼이 결국 나의 머리를 자르고야 말 것이다.

    내 마음은 나를 떠난 지 오래다. 나의 이성은 존립의 정당성을 변명하는 데 지쳐버렸다. 더 이상 올바른 판단을 내리지 못한다. 내 마음은 아무런 근거도 없이 이쯤에서 모든 것을 포기하자고 속삭인다.
    그리고 현재와 같은 상태라면 세계의 근거는커녕, 나 자신의 일반론적 근거마저도 설명이 불가능하다. 물론 일은 중요하다. 나에게는 사회적 책무와 그에 어울리는 직책이 있다. 나의 부조리한 정신을 책망하기 이전에 사회적 책무부터 마무리하는 것이 순서다. 나에게는 증명해야 할 것들이 많다.
    사람들은 지혜의 판단은 신에게 있다고 말한다. 나는 이같은 표현을 증오한다. 내가 지혜로운 인간인가를 판단하는 것은 신이 아니라 나의 임무다. 확신을 가져야 한다. 명백한 근거가 나열되지 않더라도 확신을 가져야 한다. 나는 지금 올바른 길을 걷고 있다, 나는 잘못되지 않았다라고 외쳐야 한다. 이것은 나의 일이다. 그리고 이 일에서만 만족을 느낀다. 나의 정신은 병들지 않았다. 나는 사고를 겪지도 않았고, 질병에 전염되지도 않았다.

나는 충분히 지혜로우며, 신이 아니더라도 나의 존재를 스스로 증명해낼 수 있을 것이다. 이곳에 안주해서는 안 된다. 불가능하다고 포기해서는 안 된다. 나는 지금까지 안주한 적이 없다. 신에게 평안을 구해본 적도 없다. 현재의 내 위치는 나 자신의 허락을 통해 축적되었다.

그런데 언제부턴가 단 한 번도 느껴보지 못했던 의존성의 실체를 깨닫기 시작했다. 분명 무엇인가가 잘못되었다. 우선은 이 잘못된 상황을 사실로서 받아들이는 것이 중요하다. 확고한 불변이라고 믿었던 것들이 나를 배반하고 있다. 마치 강물에 떠 있는 느낌이다. 언제 가라앉을지 모르는 위태로운 상황이다. 이 또한 수용해야 한다.

내가 진정으로 바라는 것은 마주침이다. 어둠속에서 나를 노려보는 공포들과의 마주침, 나를 경악하게 만드는 나 자신의 숨겨진 의지와의 마주침, 내 삶에 아직도 행복이 남아있다고 확신하는 어리석음과의 마주침, 그리고 이 세계의 숨겨진 진실과의 마주침이다. 물질적인 행복과 마주침은 오래 전에 포기했다. 포기가 아니라 거부다. 내가 아닌 다른 어떤 것에도 이 삶을 '의존'시키지 않겠다는 포부가 있었다.

의존의 사고를 소멸시키기 위해 나는 철학이라는 약을 마셨다. 그러나 환경이 바뀔 때마다 나는 돈에 의지했고, 환경을 바꾸기 위해 돈을 사용했다. 그리고 나에게 말했다. "너는 지금 병에 걸린 거야, 넌 곧 죽게 될 거야…" 그렇다, 나는 곧 죽게 될 것이다. 이런 상태가 지속된다면 머잖아 나의 정신은 소멸하고 말 것이다.

하지만 그것으로 끝이 아니다. 나는 결국 인생에서 도망치게 된다. 현재의 상태에서 도주를 선택한다. 가장 시급한 것은 이 그릇된 상태를 어떻게든 중단시키는 것이다. 내 마음의 심연에서 시선을 거두고 다시 한 번 세계를 바라봐야 한다. 시간이 지나면 나의 눈길은 자연스레 마음의 심연에 이를 것이다. 그리고 이같은 상태가 주기적으로 반복될 것이다. 나는 어떻게 해야 하는가? 죽는 날까지 이 물음에 대답하지 못할 것이다.

현재의 상태에 대항하기 위한 수단을 찾아야 한다. 문제는 그 수단이 진정한 해결책은 아니라는 점이다. 수단으로 목적을 달성할 수는 없다. 목적은 오직 목적에 의해서만 달성된다. 나는 그 사실을 알고 있으면서도 어리석은 선택을 되풀이한다.

앞으로도 나는 현재와 같은 상태에 머무를 테고, 그로 인해 고통을 호소하게 될 것이다. 책무를 다하는 수밖에 없다. 그리고 시간이 지연되기를 기다리는 수밖에 없다. 지금으로서는 아무것도 기대할 것이 없지만, 이 상태에 적응하는 수밖에 없다. 인내만으로 극복하기란 쉽지 않겠지만, 인내를 통해 견뎌내는 것은 가능하다.

그렇다면 나는 무엇을 해야 하는가. 나는 어떤 태도를 취해야 하는가. 앞으로도 계속 분개해야 하는가? 그렇다면 끝이다! 분개는 나 자신을 공격할 뿐이다. 그것을 뻔히 알면서 분개할 수는 없다. 나는 누구와 싸우려고 하는가? 나 자신인가? 그렇다면 항복하는 게 마땅하다.

모든 전투는 자신과의 싸움이다. 내가 강해질수록 나는 더욱 치명적인 상처를 입는다. 내가 휘두른 칼이 결국 나의 머리를 자르고야 말 것이다. 어떻게 해야 나를 이길 수 있는가? 항복이다. 나의 항복은 적의 항복이며, 내 적은 바로 나의 의지다. 나의 마음이 진정으로 항복하지 않으면 안 된다.

내게 신앙이 있다면, 즉 내적인 목소리가 나에게 말을 걸 수 있다면 이 괴로움도 오래지 않아 결말을 보게 될 것이다. 신에게 무릎을 꿇어라. 그에게 기도하라. 그렇지 않으면 그가 나의 무릎을 꿇게 만들 것이다.

2부

사랑이 있는 곳에 고통이 있다

젊은 날의 사랑은 강제적인 굴레다

> 연정은 겉으로 보기에는 아름답고 신성하다. 그러나 속내는 성욕이다. 즉 본능을 바탕으로 한 개인의 이기심이다. 이 본능이 특수한 외부조건의 도움으로 개체화된 것이 우리가 말하는 사랑의 정체다.

연극은 비극과 희극을 막론하고, 또한 낭만파와 고전파, 아시아와 유럽을 막론하고 주요 테마는 사랑이다. 사랑은 서정시와 서사시의 가장 흔한 주제이며, 지난 몇 세기 동안 1년 내내 수확하는 과일처럼 모든 문명국가의 소설에서도 발견되었다. 사람이 표현하는 작품마다 장르를 불문하고 근본 주제와 소재는 사랑이었다.

예술은 사랑을 묘사하기 위해 태어난 것과 다름없으며, 사랑의 실체를 드러냈기에 《로미오와 줄리엣》,《젊은 베르테르의 슬픔》은 불멸의 명성을 누리게 되었다.

라로슈푸코는 사랑을 일컬어 악마라고 정의했다. 세상 사람들은 입만 열면 사랑을 이야기하지만, 누구도 사랑의 실체를, 그 잔인한 악마를 본 일은 없다. 그래서 리히텐베르크는 사랑을 주제로 논문을 썼고, 사랑에서 파생되는 정열은 실재하는 인간의 감정이 아니라고 주장하기에 이르렀다. 내 생각에는 리히텐베르크의 판단이 틀린 것 같다.

천재로 불리는 시인마다 사랑을 묘사했고, 우리는 그들의 시를 통해 크나큰 감동을 느낀다. 어떻게 이런 일이 가능할까. 사랑이 인간의 본성을 위반하는 특별한 정념, 혹은 허망한 공상이 아니기 때문이다.

일상에서 발견되는 경험(날마다 되풀이된다고는 할 수 없지만)만 봐도 그렇다. 통제 불능의 불꽃같은 사랑은 때로는 환경을 지배하기에 이른다. 그 강렬한 불꽃이 또 다른 생의 욕구를 물리치는 것이다. 그의 삶에서 단 한 번도 본 적이 없는 집착과 욕망으로 눈앞의 장애를 손쉽게 무너뜨린다.

사랑이라는 정념 앞에서 목숨도 아깝지 않다. 이 사랑이 실패로 끝났을 때 다른 모든 가치와 목표, 행복을 포기하고 자살을 선택하는 경우가 있을 정도다. 베르테르는 소설 속 등장인물이 아니다. 해마다 베르테르와 같은 이유로 목숨을 끊는 젊은이들이 셀 수 없을 만큼 많다. 물론 그들의 죽음에 동조하거나, 관심을 보이는 사람은 극히 드물다.

그들은 남몰래 생을 마감한다. 그들이 생전에 보여주었던 사랑이라는 고통과 열망은 신문의 귀퉁이에 한 줄의 문장으로 보도되고, 시청 직원의 펜에 의해 출생증명이 사라지는 것으로 종결된다. 그리고 이렇게 사라지는 청춘보다 더 많은 젊은이들이 사랑에 못 이겨 정신병원으로 향한다.

연인들은 사랑 때문에 죽음과 삶의 기로에서 방황한다. 이들은 외부압력에 절망하며 평생 처음 느껴보는 강렬한 소망을 희생시키고, 남은 생애를 방관과 불평으로 희생시킨다.

내가 이해 못하는 부분은 서로 사랑해서 죽음도 두렵지 않은 두 남녀가, 서로 사랑하기에 더 이상의 행복은 없다고 말하는 두 남녀가 어째서 외부압력이라는 장애물에 걸려 넘어지냐는 것이다. 왜 용감하게 사회적 관계를 끊고, 부모와의 인연을 포기하지 못하느냐는 것이다. 어째서 사랑으로 인한 굴욕에 감사하지 못하느냐는 것이다. 자살할 용기가 있다면 그보다 더 작은 용기를 필요로 하는 사랑을 포기할 이유가 없다.

인생에서 사랑이 중대한 사건임은 부인하지 않겠다. 그렇기 때문에 철학자와 시인은 문명이 발생한 이래 사랑이라는 해괴한 악마와 싸워왔고, 서양철학의 중흥을 이끈 플라톤은 《향연》과 《파이드로스》라는 작품을 통해 사랑을 논했다. 다만 그가 말한 사랑은 현실과 괴리가 있었다. 플라톤은 신화와 전설, 경구라는 영역을 벗어나지 못하고, 그 속에서 그리스인다운 사랑만 이야기했다.

우리가 잘 아는 루소도 사랑을 이야기했지만, 그가 현실에서 사랑을 어떻게 다루어왔는지 아는 사람들은 그가 사랑에 대해 이야기했다는 이유만으로 그가 다룬 사랑을 보편적인 사랑의 범주에서 제외시켰다. 따라서 루소도 사랑에 관해서는 철학적 실패자로 불러야 한다.

칸트도 자신의 논문에서 사랑을 설명했다. 하지만 사랑을 설명하는 그의 문장을 읽고 있으면 그가 평생 독신으로 살아왔음을 다시금 깨닫게 될 뿐이다. 오직 스피노자만이 사랑에 관해, 물론 전체적인 조망은 아니지만, 그럭저럭 용납할 수 있는 철학적 발견을 제시하고 있다.

"사랑은 외부에서 유입된 관념이 쾌락으로 변질된 병리현상에 불과하다."

연정은 겉으로 보기에는 아름답고 신성하다. 그러나 속내는 성욕이다. 즉 본능을 바탕으로 한 개인의 이기심이다. 이 본능이 특수한 외부조건의 도움으로 개체화된 것이 우리가 말하는 사랑의 정체다.

사랑은 기본적으로 노이로제 상태다. 연인과 함께 지냄으로써 나의 인생이 행복해질 것이냐에 대한 판단은 없다. 그저 곁에 두고 싶다는 강렬한 욕구뿐이다. 그 욕구가 지나친 나머지 판단을 흐리게 만들고, 결국 결혼이 성사되어야 할 적당한 근거를 찾는 대신 결혼할 수밖에 없는 이유만 열거하게 만든다.

낭만이라는 열정이 지나치게 끓어올라 애초에 의도했던 요리의 정체를 모호하게 만든다. 명심할 것은 냄비가 아무리 뜨겁게 달궈졌다고 해도 그 열기가 식어버리기까지 수십 년이 걸리지는 않는다는 점이다. 찬물 한 바가지면 지금 당장이라도 식어버릴 수가 있다. 이와 달리 사랑으로 맺어지지 않은 두 남녀는 결혼이라는 외부요인을 통해 일생 동안 서로에게 애정을 품게 될 수 있다.

젊은 남녀가 낭만이라는 이유가 아닌 부모의 의사에 따라 두 사람이 함께 사는 것이 가장 적당하다고 판단했을 때 상대에 대한 기대감도 적고, 상대를 파악하는 관찰력도 상승하는 등 결혼이라는 관계정립에서 보다 우위를 차지하는 것만 봐도 그렇다. 많은 국가에서 이같은 강제적 결혼이 관행처럼 이어져 내려오는 것도 이런 이유에서다.

두 사람의 인간이 현실에서 사랑과 비슷한 감정을 지속하려면 공존했을 때 두 사람 모두 행복하다는 결과가 필요한데, 결혼이라는 결과에서 행복이라는 결론이 맺어지는 경우는 거의 없으므로 결혼 전에 서로 사랑한다는 말은 모두 거짓이 된다.

사랑을 인류 전체의 입장에서 고려한다면 다음 세대의 성립을 위한 최소 조건이다. 다음 세대의 등장을 위한 배려이자 헌신이다. 이같은 입장에서 사랑을 고찰했을 때 개인의 정열과 실연에 따른 불행은 다음에 등장할 인류의 존속과 그 세대에게 직결된 문제일 뿐, 개인의 의지는 고려의 대상이 아니다.

한마디로 정의하면 사랑은 개인의 의지가 극대화되어 종족의 의지로 몰수된 상태를 뜻한다. 우리들 각자의 개인적인 의지가 공동의 의지에 압도된 망상인 것이다.

결혼은 비굴한 복종이다

> 인간의 사랑은 두 사람 사이에서 탄생할 새로운 인류의 의지다. 다시 말해 아직 존재하지 않는 미래 세대의 살고자 하는 의지가 현 세대에 영향을 미쳐 낯선 두 남녀가 사랑에 빠진다.

당사자들은 인정하지 않겠지만 성욕은 자녀를 생산하기 위한 목적에서 이루어지는 활동이다. 성행위에 이르는 과정은 우여곡절이 많더라도 부차적인 조건에 지나지 않는다.

애틋한 심정으로 상대에게 사랑의 말을 속삭이는 사람들은 나의 말이 지나치게 현실적이라며 반박하고 싶겠지만, 그들이 믿고 있는 사랑의 고귀함은 결과적으로 그들보다 그들의 자녀를 이롭게 한다는 점에서 나의 주장을 수긍해야 할 것이다.

자녀의 외모와 성격을 규정짓는 것은 그들의 사랑과 성욕보다 훨씬 고귀한 목적을 수행하고 있다. 인간이 가질 수 있는 목적들 중에서 이보다 더 중대한 일은 없다. 인간의 최우선 목적인 다음 세대의 잉태를 인정하지 못한다면 사랑의 뜨거운 정열도 이해되지 않는다. 목적에 대한 열망이 사랑이라는 감정을 탄생시키는 기폭제임을 시인하지 못한다면 성욕은 우리 삶에서 그 가치를 인정받지 못하게 된다.

사랑하는 사람을 위해 상처를 감수하고, 마음에 드는 상대에게 접근하기 위해 자존심을 포기하는 것은 사랑의 대가가 아니다. 단순히 사랑을 위해서라면 인간이 이토록 자존을 포기할 리 없다.

사랑에 빠진 젊은이의 자기 자신에 대한 무책임을 제대로 이해하려면 앞서 말한 그 목적을 상기해야만 한다. 지금 이 순간의 노고는 두 남녀의 개성을 물려받을 다음 세대를 위해서다.

인간의 사랑은 두 사람 사이에서 탄생할 새로운 인류의 의지다. 다시 말해 아직 존재하지 않는 미래 세대의 살고자 하는 의지가 현 세대에 영향을 미쳐 낯선 두 남녀가 사랑에 빠진다. 서로 주고받는 눈짓, 유혹하기 위한 몸가짐에서 출현을 고대하는 미래 세대의 의지가 확인되고 있다.

사랑하는 두 사람은 성욕을 기반으로 하나가 되며, 그 결과 자녀가 태어난다. 자녀에게는 생존이라는 부모의 유전적 형질이 고스란히 남아 있다. 즉 자녀를 통해 부모의 지속적인 생존이 가능하게 되는 것이다. 그리고 두 사람의 개체적 성질이 보다 원만하게 융합할수록 더 양질의 유전성이 자녀에게 전해진다. 서로 혐오하는 남녀의 결합이 불행한 성격의 자녀를 탄생시킨다는 뜻이기도 하다.

　이처럼 이성에게서 외부조건을 따지지 않고, 오직 본래의 유전형질에 매력을 느껴 결합의지를 나타낸다는 것은 모든 생물에 공통되는 생존양식이다. 이같은 결합의지의 크기와 집착에 따라 다음 세대인 자녀의 성향이 결정된다. 부모의 결합의지가 강할수록 자녀의 생존의지도 강해진다.

　사랑의 정열은 겉으로 표현되고 있지만, 실은 눈에 보이지 않는 곳에서 활동한다. 우리 생존의 첫 출발은 우리가 보지 못했던 부모 세대의 첫 만남에서 비롯되었다. 앞서 말했듯이 다음 세대의 시작은 우리 세대의 두 남녀가 서로의 존재를 확인하고 서로에게서 성욕을 발견했을 때 시작되었다.

　모든 인간은 불완전하기에 사랑을 꿈꾼다. 사람이 완전하지 못하다는 것은 절대적 진리가 결정한 사안이며, 그래서 인간의 공통원칙은 각기 노력해야 하며, 그 노력은 항상 완전을 추구해야만 한다. 우리가 추구하는 완전은 절대적 진리 안에 있다. 그리고 인간은 사랑이라는 표상에 의해 보다 완전해진다.

　신체적 특성과 정신적 특성이 완전히 다른 남자와 여자가 서로에게 이끌리는 감정을 느낀다는 것은 일생에 몇 번 일어나지 않는 일이다. 그 같은 이끌림이 정열적인 사랑으로 발전하는 것은 더더욱 드문

일이다. 시인이 그린 위대한 사랑의 주인공을 우리가 이해할 수 있는 까닭은 우리 각자가 그런 사랑에 빠질 가능성이 있기 때문이다.

사랑의 불길은 미래에 등장할 존재와 그들의 보다 훌륭한 특질을 목적으로 했을 때 더욱 완벽해진다. 건강한 몸과 마음, 정상적인 감정과 개성을 갖춘 재능이 사랑이라는 행위를 돋보이게 만드는 것도 그 때문이다. 서로 공감하는 젊은 남녀 사이에 싹튼 우정이 사랑으로 발전하지 못하는 이유이기도 하다.

공감은 때로는 성적 반감으로 작용한다. 두 사람의 결합으로 인해 태어날 자녀에게 다양성을 제공하지 못한다는 점에서 그들의 만남은 성욕의 발생에 민감해지지 못한다. 다시 말해 그들 두 사람의 다음 세대가 두 사람의 결합을 원하지 않는 것이다.

이와 반대로 감정, 성격, 성질 등에 부조화가 있고, 때로는 혐오하고 기피하는 형질이 있음에도 서로 사랑에 빠져 훌륭하게 결합하는 경우가 있다. 이는 두 사람의 다음 세대가 두 사람의 유전적 결합에 의한 새로운 형질을 강하게 열망한다고 볼 수 있다. 그 결과 두 사람은 맹목적으로 변모해 서로의 부조리를 깨닫지 못하게 되는 것이다. 때로는 이런 결혼이 별 탈 없이 유지되기도 한다.

사랑의 표현은 고통이다

내 삶을 평가하고 재단할 권리가 내게 있음에도 나는 타인의 시선 속에서 행복을 느낀다. 내가 바라보는 나보다도 그들이 바라보는 나를 더욱 사랑한다.

다른 사람에게 받은 상처를 오래도록 기억하는 버릇이 있다. 그런 기억이 내게 아무런 도움이 되지 않는다는 것을 잘 알지만 상처받은 마음은 쉽사리 회복되지 않는다. 나쁜 기억들을 빨리 털어버렸으면 좋겠다. 나에 대한 다른 사람의 평가 때문에 상처받고 싶지 않다.

나는 왜 다른 사람의 판단에 휘말리는 것일까? 나에 대한 그들의 평가에 울고 웃는 것일까? 왜 그들의 눈웃음에 화가 나고, 그들의 존경어린 시선에 우쭐해지는 것일까? 내 삶을 평가하고 재단할 권리가 내게 있음에도 나는 타인의 시선 속에서 행복을 느낀다. 내가 바라보는 나보다도 그들이 바라보는 나를 더욱 사랑한다.

그 이유에 대해 생각해봤다. 그리고 결론을 내렸다. 그 결론이 나를 부끄럽게 만들었다. 한마디로 나는 정직하지가 못했던 것이다. 내가 정직한 인간이었다면 나는 사람들 앞에서 겸손하게 행동했을 것이다. 그들이 나를 높게 평가하는 데에 두려워했을 것이고, 나를 비웃는 조롱에 감사했을 것이다. 하지만 나는 그렇게 하지 못했다. 작은 비판에 분노하고, 입에 발린 칭찬인줄 알면서도 교만했다.

인간은 정직해져야 한다. 누구보다 자기 자신에게 정직해져야 한다. 지금 나는 본래의 내가 가진 능력보다 높은 평가를 받고 있다. 그 평가에 항상 감사하는 마음으로 생활해야 한다는 것을 명심해야 한다. 세상 사람들에게 칭찬받는 것은 즐겁고 기분 좋은 일이다. 그러나 더 중요한 것은 사람들로부터 사랑받는 것이다.

나를 감동시키는 단 하나의 기쁨도 사랑이다. 내 마음을 사로잡고, 나를 어린아이처럼 들뜨게 만드는 것은 사랑이다. 하루가 다르게 변화하는 시대의 문명 속에서도 나는 사랑을 기다린다. 노동을 사랑하고, 그 노동에 뒤따르는 고통을 사랑하고, 고통의 아픔을 사랑하고, 고통의 아픔이 전해주는 진실을 사랑한다.

사랑의 표현은 기다림이다. 기다림은 고통이다. 사랑은 그 고통을 기다리는 것이다. 기다리다 지쳐 거리를 헤매고, 잠을 이루지 못하고, 황무지 같은 들판을 찾아가 자학하듯 울음을 터뜨리고, 스스로 양심을 무너뜨리고, 또다시 기다리는 것이다. 어떤 사람은 아픔이 있는 곳에 사랑이 있다고 말한다. 그렇다! 사랑은 고통과 기다림에 대한 인내다. 고통을 치르지 않은 사랑은 사랑이 아니다. 기다림이 없는 사랑은 사랑이 아니다. 내가 나를 기다리지 못한다는 것은, 내가 나의 고통을 두려워한다는 것은 내가 나를 사랑하지 못했다는 증거다. 그래서 나는 이 밤이 부끄럽다.

사람들의 무관심이 행복했던 시절도 있었다. 나 또한 다른 사람에게 무관심한 것이 당연하다고 생각했던 시절이 있었다. 내가 그들보다 많은 것을 알고 있으며, 더 좋은 곳에서 생활한다는 이유로 내가 그들보다 우월하다고 믿었던 때가 있었다.

남을 굽어보는 거드름으로 세상을 바라봤다. 그늘에 방치된 수많은 사람들의 눈물을 지저분하게 여겼다. 인간으로서 지녀야 할 소중한 미덕들을 버리고, 가식과 억지로 나를 꾸며왔다. 그것이 나를 절망으로 이끌고 있음을 알지 못했다.

그래서 나의 내면은 오늘도 투쟁이다. 인간적인 의지와 영적인 의지가 서로 칼날을 겨누고 있다. 선과 악을 명확히 구분하는 것과 선을 행하고 악을 버리는 것은 엄연히 다르다. 그 동안 나는 선과 악을 구별하는 데 너무 오래 매달렸다. 나는 그것이 악임을 알면서도 행했고, 그것이 선임을 자각하면서도 눈을 감아버렸다.

인간의 의지는 스스로 좌절하지 않음을 하루에도 몇 번씩 체험했

사랑은 고통과 기다림에 대한 인내다.
고통을 치르지 않은 사랑은 사랑이 아니다.
기다림이 없는 사랑은 사랑이 아니다.
내가 나를 기다리지 못한다는 것은,
내가 나의 고통을 두려워한다는 것은
내가 나를 사랑하지 못했다는 증거다.
그래서 나는 이 밤이 부끄럽다.

음에도 불구하고 언젠가는 나의 의지가 내 앞에 굴복할 것이라고 믿어 의심치 않았다. 나의 삶은 언제나 그런 식이었다.

비평가의 말처럼 나란 인간은 현대적인 감각과는 거리가 멀다. 첨단의 유행은 내 집에서는 물론이거니와 내 사고방식 속에서도 발견되지 않는다. 그렇다면 나도 모르게 현실로 도피하고자 하는 의식이 잠재되어 있던 것일까? 그럴 가능성도 무시할 수는 없지만 그 전에 어디서부터가 현실이며 어디서부터 과거인지 따져보고 싶은 충동을 느낀다.

과거시제와 현재시제를 가늠할 권한은 오직 내게 있다. 현재를 덧없이 지나간 과거로 정의할 권리가 내게 있으며, 과거를 오늘처럼 살아갈 권리가 내게 있다. 특히 그 시제가 정신적인 영역에 귀속된 시간이라면 과거와 현재, 미래를 나누는 것은 무의미해진다.

정신적인 영역에서는 오늘날 우리가 첨단이라고 믿었던 유행 사조가 촌스럽고 우스꽝스러울 수도 있다. 또 우리가 과거의 것이라며 진부하게 여겼던 사상이 시대를 초월하는 획기적인 관념이 될 수도 있다.

인간은 자신이 위치한 곳에서 시대를 초월해야 한다. 현재로 국한된 시제가 전부인 듯 착각하며 살아가기에는 인류가 이룩한 과거의 영광이 너무나 아름답다. 그것을 포기하기에는 우리의 인생이 짧다. 오늘 사랑받고 싶다면 오늘 사랑을 베풀어야 하는 것이다.

인간을 불평분자로 만드는 악당

> 인류는 항상 새로운 가치관에 목말라 했고, 그 기다림에 지친 나머지 구정물을 생수로 착각하며 마신 적도 많다. 새롭다는 이유만으로 위대하다고 착각하기 쉽다.

 모든 일에서 의심을 거두지 않는다. 결단을 내리기 전까지 나는 의심하고 또 의심한다. 하지만 의심하고 증명하기에는 너무나 많은 시간이 필요하다. 생활 곳곳에서 이같은 현상이 반복되고 있다. 타인과의 관계도 마찬가지다.
 처음 만난 사람과 조금이라도 익숙해지려면 그가 살아온 모든 시간들이 내 앞에 숨김없이 펼쳐져야만 한다. 그래야만 그에 대한 의심이 사라지기 때문이다. 이 또한 시간 낭비임에 틀림없다. 이런 종류의 시간 낭비를 줄이기 위해 나는 결단을 내렸다. 그들에게 익숙해지기 전에 관계를 끊어버리는 것이다.
 나는 세상 누구보다 약한 인간이다. 육체뿐 아니라 정서적으로도 나약하다. 그래서 타인의 의견에 쉽게 좌우된다. 특히 행동할 때 그 같은 특성이 자주 나타난다. 내게 충분한 시간이 주어지지 않는 이상 자의적인 판단에 의한 행동은 기대하기 어렵다.

타고난 성격이 소심하다. 누군가로부터 따뜻한 말 한마디를 들으면 오랫동안 그의 목소리를 잊지 못한다. 작은 격려나, 호의적인 미소만으로도 하루 종일 기분이 들뜬다. 그래서 악의적인 평가, 나를 쳐다보는 불쾌한 표정도 오랫동안 기억에 남는다.

그런 기억을 머릿속에서 지워버리는 가장 좋은 방법은 혼자 방에 처박혀 있는 것이다. 내 방에서 좋아하는 책들을 뒤적이며 흐트러진 균형을 바로 잡는다. 마음은 여전히 흥분한 상태지만 정신적으로는 보다 냉철하게 중심을 잡을 수 있다.

내가 열망하는 최상의 환경은 열광이다. 나는 웃음 그 자체가 싫다. 웃고 싶지 않다. 웃음은 열광을 무너뜨리고 두 번 다시 예전과 같은 흥분상태로 정신을 들뜨게 만들지 못하기 때문이다.

인간의 이성은 허영심에 적극적으로 반응한다. 일기를 쓰면서 가끔은 이런 생각을 한다. 누군가가 내가 죽은 후에 이 방에 들어와 나의 가장 비밀스런 이야기들로 가득한 작은 노트를 발견해주기를 바라는 것이다. 사적인 메모마저도 지적인 허영으로 더럽히는 이유다.

어쩌면 나의 소원은 이것뿐인지도 모르겠다. 허영심의 고립! 거울에 비치는 교만한 표정을 바로잡고 오직 나의 개인적인 열광에만 도취되는 것. 쉬운 얘기는 아니다. 불가능할 것이다. 내 주위에는 나의 허영심을 부추기는 어리석은 인간들이 너무나도 많다.

　내가 하고 싶은 말은 우리들 인간은 자신에게 주어진 환경과 조건들을 아주 당연하게 생각하고 있다는 것이다. 이성도 마찬가지다. 자신의 이성은 어떤 경우에도 완벽하게 작용한다고 믿는 사람들이 많다. 이성에 대한 불가결성을 의심하는 법이 없다.

　이성은 사람마다 주관의 작용으로 독특하게 반응하는 특수한 개별 능력이다. 이성은 절대적이지 않다. 인식능력이 파악할 수 있는 범주에서 일정한 규모의 활동영역을 부여받는 종속체제의 일부일 뿐이다. 인식 없이 인간은 완전해지지 않는다. 인간의 힘은 인식에서 비롯된다.

　우리는 코페르니쿠스의 발견에서 위대함을 배운다. 코페르니쿠스의 시대에서 그의 발견이 어떤 의미를 지니고 있는지 잘 알고 있기 때문이다. 이에 덧붙여 그 의미의 반향이 우리들 시대에까지 이어지고 있기 때문이다. 그가 발견한 물리적 작용은 실천적 가치를 통해 다양한 분야에서 흥미를 유발했고, 문학의 상징성을 획득했으며, 그의 시대를 대표하는 사고관념으로 확고한 지위를 쟁취했다.

　당연하다고 생각하지만, 마침내 그의 발견은 영웅적인 의미로까지 확대 생산되고 있다. 왜냐하면 인류는 영웅을 필요로 하기 때문이다. 구체적으로 말하면 영웅적이라고 평가할 수 있는 정신을 필요로 하기 때문이다. 오랜 세월에 걸친 투쟁을 사람들은 영웅적 행위라며 칭송한다. 그런데 불행히도 오늘날에는 투쟁할 대상이 점점 줄어들고 있다. 이에 사람들은 새로운 영웅을 만들어내기에 이르렀는데 바로 스포츠다.

스포츠는 여러 가지 측면에서 영웅들의 행보와 닮았다. 육체적인 고통, 승리와 패배의 이중성, 역경, 환호…. 새 시대의 영웅적 정신이라고 부르기에 충분한 조건들이 스포츠에는 가득하다.

무엇보다 스포츠는 실천을 동반한다. 실천은 영웅화의 첫 번째 통과의례라는 점에서 매우 중요한데, 영웅을 평가할 때 역사가 항상 외적인 측면을 중시해온 것만 봐도 이해할 수 있는 부분이다. 그들의 위대함은 정신이 아닌 행위에 의해 선언되었다. 행위를 결정짓는 주체 의지임에도 인류는 언제나 눈에 보이는 표상만을 추구해왔다.

특정 시대마다 특별한 인종이 나타나기 마련이며, 그들은 시대에 어울리는 특별한 행위양식에 열정을 불어넣었다. 인류는 항상 새로운 가치관에 목말라했고, 그 기다림에 지친 나머지 구정물을 생수로 착각하며 마신 적도 많다. 새롭다는 이유만으로 위대하다고 착각하기 쉽다.

행위양식은 보편성과 특수성으로 나눌 수 있는데, 보편성은 해당 시대에는 무시되기 일쑤였다. 하지만 세월이 흐르고 당대의 지성인으로부터 외면 받던 보편성으로 인해 가치를 인정받게 된다. 특수성은 그 시대에는 최고의 신념처럼 추앙받지만 세대가 바뀌면 어리석은 치기, 무모한 광기, 개인적인 욕심으로 치부되곤 한다.

그럼에도 인류는 현재의 보편성과 정반대되는 새로운 통찰, 즉 특수한 행위양식으로 살아가는 특별한 인종이 출현해주기를 고대하고 있다. "미안하지만 당신들의 낡은 집회에 참가할 의사는 눈곱만큼도 없다."라고 소리 높여 외쳐줄 인종을 기다리고 있다. 자신들의 보편적인 신념을 무가치한 방만으로 폄하하고, 소시민의 성실한 생활을 게으름과 병적인 유약함으로 간단히 정리해버리는 잔인함에 시달리기를 소망하는 것이다.

빛나는 정신은 외부의 진실, 다시 말해 외부조건에 의해 결정되지 않는다. 그 자체로 발광(發光)이 불가능하다면 그것을 '빛난다'라고 묘사해서는 안 된다.

'인간을 불평분자로 만드는 악당' – 철학이라는 학문을 정의해달라는 사람들의 요구에 나는 이렇게 대답했다.

때때로 사람들은 자신이 생각한 바를 솔직하게 글이나 말로 옮기는 것이 가능한 일이라고 믿는다. 나도 이런 오류에 빠지곤 한다. 현실에서 인간이 기록할 수 있는 것은 문자이며, 음성으로 표현할 수 있는 것은 어법이 축소된 단어 몇 개가 고작이다.

문자와 단어 몇 개로 과연 내 영혼이 진실한지를 남에게 확인시켜 준다는 것이 가능할까. 우리는 다만 문자와 말이라는 형식에 나의 생각을 담아낼 수 있을 만큼만 담아낼 뿐이다. 이것은 흙장난과 비슷하다. 흙으로 빵을 만들고 소꿉놀이를 하는 것과 글을 쓰고 연설을 하는 것은 하나도 다를 게 없다.

우정은 친구의 영혼을 위한 헌신이다

> 우정을 가진 자는 두 개의 영혼을 가진 자. 한 영혼이 쓰러지더라도 곁에 있는 또 다른 영혼이 그를 일으켜 세운다. 어떤 경우에도 둘이 함께 쓰러지는 법은 없다. 삶이 인간에게 우정을 선물한 까닭이다.

　타인과의 교제에서 가장 해로운 것은 허영이다. 인간은 누구나, 물론 자기 자신에게도 꼭 그런 것은 아니지만, 가장 어리석은 사람조차도 상대방의 허영심만은 쉽게 알아차리는 본능을 타고났다. 인간은 상대방의 허영심을 감지하지 못한 경우에만 그에게 복종한다.

　허영은 언제나 들통 나기 마련이다. 아무리 숨기려고 해도 숨겨지지 않는다. 허영보다 더 심각한 악덕들, 예를 들어 증오나, 잔인, 광기, 분노 등은 소수이기는 하나 항상 숭배자를 몰고 다니지만 허영만큼은 숭배자가 없다. 숭배는커녕 시대와 인종과 국가를 막론하고 저주의 대상이 된다. 그래서 허영은 언제 어디서나 그 목적을 달성하지 못하고 실패한다. 내가 인간의 악덕 중에서 허영을 가장 졸렬하게 취급하는 이유다.

사람과의 교제를 보다 원활하게 이끄는 힘은 지속적인 우정에서 나온다. 우정의 성격은 차분한 한결같음이다. 변한다면 그것은 우정이 아니다. 들뜬다면 그 또한 우정은 아니다. 변하는 것은 계산이며, 들뜨는 것은 사랑이다. 내 친구는 그곳에 있고, 난 이곳에 있다.

내 친구가 그곳에서 할 일이 있듯이 나 또한 이곳에서 할 일이 있다는 마음의 여유와 가치관이 우정의 진리다. 그 같은 마음의 여유와 가치관이 없는 우정은 언제 눈금이 달라질지 모르는 저울이며, 흥분이 가라앉은 뒤에 찾아오는 배신감이다.

우리는 친절과 우정도 구분할 줄 알아야 한다. 친절이 그의 인격에 대한 감탄이라면 우정은 친구의 영혼을 위한 헌신이다. 감탄은 그의 그림자를 발견하는 동시에 사라지지만 헌신은 그의 그림자를 바라봄으로써 더욱 애잔해진다. 친절이 상대방의 감사로 만족한다면 우정은 친구의 행복으로 만족한다.

우정은 두 개의 영혼을 지니고 있다. 우정을 가진 자는 두 개의 영혼을 가진 자다. 한 영혼이 쓰러지더라도 곁에 있는 또 다른 영혼이 그를 일으켜 세운다. 어떤 경우에도 둘이 함께 쓰러지는 법은 없다. 삶이 인간에게 우정을 선물한 까닭이다.

우정은 다른 어떤 감정보다 인간을 현명하게 만든다. 우정만이 인간과 사물의 실상을 보여주며, 인간다운 정당한 삶과 방법을 말해준다. 인생을 살아가는 가장 현명한 방법을 생각하기 전에 내가 무엇과 친해져야 하는지, 무엇을 사랑하고 있는지부터 확인해야 한다. 어떻게 살고 싶다는 소원보다는 내가 사랑하는 그것을 위해 살고 싶다는 바람이 인간에게는 더 크고 위대하게 느껴질 수 있기 때문이다.

우정은 겉으로 드러나는 고상한 만남이 되어서는 안 된다. 서로의 내면에 자극이 되고, 분발하려는 촉진제가 되어야 한다. 함께 진보하지 않는 우정은 나태와 방종이다.

내적인 진보는 강렬한 영혼의 동요로부터 시작된다. 우정은 친구의 영혼을 깨우는 자명종이다. 그 역할에 충실하지 못한 우정은 자기본위의 나르시즘에 가깝다. 우리가 참다운 우정을 부러워하면서도 일상에서는 소모적인 만남을 반복하는 이유는 잠에서 깨어난 영혼을 두려워하기 때문이다. 긴 잠에서 깨어난 나의 영혼이 무지와 무감각과 게으름으로 얼룩진 나 자신을 보고 절망할까봐 두려운 것이다.

인생이 당신에게 축복으로 남기를 소망한다면, 당신이 먼저 인생을 사랑해야 한다. 친해지고 싶다면 당신이 먼저 다가가서 마음을 보여줘야 한다. 아파하고 싶지 않다면 아픔과 친해져야 한다. 나를 사랑한다면 내 영혼이 바라는 나의 모습과 친해져야 한다.

허영보다 강한 교만은 없다

사람들의 눈높이에 나를 맞추려는 데서 모든 불행이 시작된다. 나는 어쩔 수 없이 나다. 내가 나를 부끄러워하지 않는다면 사람들도 나를 부끄러워하지 않게 될 것이다.

인간의 자질 중 가장 필요한 한 가지를 꼽아보라면 성실을 택하겠다. 성실함의 미덕은 내게 부족한 다른 자질들을 보충하는 것이 가능하다는 데 있다. 그러나 성실이 부족한 사람은 천부적인 재능을 타고나도 그 재능을 꽃피우지 못한다. 성실은 어떤 능력으로도 보완할 수 없는 가장 중요한 자질이다.

유감스럽게도 성실한 인간을 찾아보기 힘들다. 성실이 무엇이지 확인하고 싶다면 동물에게 달려가야 한다. 인간은 성실에 대해 더 이상 말할 자격이 없다. 다른 자질은 몰라도 성실에 대해서만큼은 동물에게 다시 배워야 하는 처지에 놓였다. 만약 진화론이 성실이라는 내적 본능을 동물학상의 특성으로 밝혀놓았다면 나는 누구보다 철저한 진화론자가 되었을 것이다.

　성실함과 비슷한 처지로 인간에게 버림받은 또 다른 덕목은 감사다. 인간만의 고유한 덕목이라고 확신했던 감사도 지금은 동물들에게나 기대할 수 있게 되었다. 인간은 이미 감사의 특성을 상실했다. 그래서 나는 다른 사람에게 감사를 구하지 않게 되었다. 누군가로부터 감사하다는 말을 듣는 것이 괴롭기만 하다. 감사하다는 말과 행동이 배은망덕한 행위로까지 여겨진다.

　내가 생각하는 가장 배은망덕한 행위는 친구로부터 은혜를 입게 되었을 때 이에 대한 보답을 해야겠다면서 상대방을 방문하거나 선물을 전달하려는 것이다. 사람들은 이렇게 함으로써 그에게 받은 은혜의 부채로부터 해방되었다고 생각한다.

　그러나 감사는 의무가 아니다. 그것은 진정이다. 진정으로 그에게 고마워하고, 또한 그에게 받은 은혜에 보답하는 의미로 다른 사람들을 위해 나를 희생시키는 것이 감사의 본질이다. 그런데 지금은 들을수록 기분 나쁜 예의바른 인사말과 형식적인 선물들이 감사를 대신하고 있다. 언제부턴가 마음은 사라지고 죽은 단어들만이 맴돌고 있다.

　이렇듯 값싼 지불에 기분이 상하느니 차라리 빌려주고 받지 않는 편이 나을 것 같다. 이 모든 것이 허영이라는 의지에서 비롯되었으며, 허영을 방어하는 최선의 수단은 허영을 경멸하는 것, 즉 교만이다. 그런데 교만은 허영보다 더 위험하다. 인간이 교만으로부터 벗어나기 위해서는 겸손해져야 한다. 문제는 한 번 교만해진 인간은 웬만한 존재 앞에서는 고개를 숙이려고 하지 않는다는 점이다.

현실에서 내가 다른 사람을 칭찬하는 이유는 그에게 칭찬을 듣고 싶어서다. 내가 그를 경멸하는 이유는 그가 나보다 훌륭하다고 생각되기 때문이다. 그의 얼굴에 침을 뱉고 머리를 쥐어뜯기라도 해야 그의 면전에서 내가 수치를 당하지 않게 된다고 생각하는 것이다.

나의 이같은 조급함과 달리 확고한 자의식을 갖춘 사람들은 타인의 칭찬이나, 재촉, 경멸 따위에 신경 쓰지 않는다. 그가 내게 무슨 말을 하든 상처받지 않고 타인에게 상처 줄 말도 생각나지 않는다. 그런 점에서 봤을 때 자의식이야말로 타인과의 관계를 원만하게 이끌어나가는 힘이라고 정의할 수 있을 것이다.

우리가 인간 상호간의 관계 맺기에 서투른 까닭은 상대방을 배려하지 않거나, 심술을 부리거나, 교만하거나, 질투하기 때문만은 아니다. 우리가 상대방을 배려하지 않고 내 고집만 부리는 원인은, 나보다 훌륭한 사람을 만났을 때 그를 시기하고 어떻게든 깎아 내리려고 고집을 피우는 원인은 자의식이 결여되어 있기 때문이다.

상대방의 시선으로 나를 보기 때문이다. 내가 상대방의 입장이 되어 나를 판단하기 때문이다. 자의식이 결여되었다는 것은 나와 나의 관계가 온전히 성립되지 못했다는 뜻이다. 나와 나의 관계도 온전하지 못하면서 다른 사람과의 관계가 온전해지기를 바란다는 것은 욕심이며, 허영이며, 교만이다.

사람들이 원하는 나로 평생을 살 수는 없다. 사람들의 눈높이에 나를 맞추려는 데서 모든 불행이 시작된다. 나는 어쩔 수 없이 나다. 내가 나를 부끄러워하지 않는다면 사람들도 나를 부끄러워하지 않게 될 것이다.

달은 태양이 자리를 비웠을 때 빛난다

인간은 감정의 노예다. 기분 내키는 대로 우정을 내팽개치기도 하고, 스스로 환상에 빠져 우정을 우상처럼 숭배하기도 한다.

    함께 함으로써 한 가지라도 배울 점이 있는 친구를 사귀려고 노력해야 한다. 그런 친구와의 사귐은 배움과 같다. 친구와의 교제를 통해 그가 지닌 교양과 지식을 익혀 자신의 것으로 만든다면, 이는 배움 중에서도 매우 높은 수준의 고찰과 경험이 될 것이다.

    스승이 될 만한 친구와의 교제를 통해 즐기면서 유익한 지식을 배우게 되는 것이다. 그러므로 지식을 갖춘 사람들과의 사귐이 다양해질수록 인생에 도움이 된다. 자신의 가치를 무의미하게 만든 사람과 가까이해서는 안 된다. 그들은 우리 삶에 아무런 도움도 주지 못한다.

    배울 점이 많은 친구를 사귀는 대신 감수해야 할 부분도 있다. 장점이 많은 사람은 그만큼 매력적으로 보이고, 다른 사람들의 존경과 애정이 집중된다. 그런 사람 곁에 머문다면 어쩔 수 없이 사람들 시선에서 소외될 수밖에 없다. 달은 태양이 자리를 비웠을 때 별들 사이에서 빛난다. 하지만 태양이 다시 모습을 드러내면 그늘에 감춰져 보이지 않는다.

나보다 뛰어난 사람을 친구로 둔다는 것은 그의 그늘에 가려져야 한다는 의미이기도 하다. 그래서 사람들은 자기를 돋보이게 만들어주는 친구를 원한다. 자신의 명예를 희생시켜가면서 친구의 명예를 드높여줄 인간은 그리 많지 않다.

위험한 친구들과 어울려 자기 발로 구덩이에 빠져서도 안 된다. 만약 당신의 나이가 젊거나, 목표를 향해 나아가는 과정에 있다면 위험한 성향의 사람은 피해야 한다. 가능하다면 당신보다 뛰어난 능력을 가진 사람들 곁에 머무는 것이 현명하다. 반대로 젊은 나이에 어느 정도 성공했다고 자신한다면 당신이 존경해야 할 사람들 곁을 피하는 것이 당신의 가치를 높여줄 것이다.

마음에 드는 사람이 생겼다면 그와 우정을 쌓기 전에 분별을 갖췄는지, 운이 좋은 사람인지를 확실히 파악한 후 사귐을 결정해야 한다. 겉으로는 의지가 강하고 총명해보여도 결정적인 순간에는 나약해지는 것이 사람의 본성임을 망각해서는 곤란하다. 성공한 인생은 좋은 친구의 유무가 결정적이다. 하지만 친구의 존재를 가볍게 여기는 사람이 너무 많다. 사람과 사람이 우정을 맺게 되기까지 대부분 그 발단은 우연한 만남에서 시작되었기 때문이다.

　우리는 친구에 의해 평가받기도 한다. 현명한 사람이 어리석은 친구를 의지하는 일은 없다. 함께 웃고 떠든다고 해서 그와 내가 진심 어린 우정을 나눴다고 말할 수도 없다. 그의 타고난 재능을 이해하고, 내 삶에서 그의 재능이 발휘될 수 있도록 장려하거나, 그의 재능을 내 것으로 만들려는 노력이 필요한데, 여전히 사람들은 웃고 떠들고 함께 식사하고 술을 나눠 마시는 정도로 좋은 친구를 곁에 뒀다고 자위한다.

　세상에는 참된 우정과 그릇된 우정이 있다. 그릇된 우정의 목표는 쾌락이고, 참된 우정의 목표는 인생의 풍부한 결실, 다시 말해 성공을 기약하는 우정이다. 인격을 갖춘 친구의 선의의 비판이 우리를 선량한 길로 이끈다. 그의 충고는 부모, 스승, 정부의 법률보다 훨씬 고귀하고 강제적이다.

　그러므로 우정을 우연에 맡겨서는 안 된다. 나를 사랑하는 친구는 나의 슬픔을 쫓아내고, 나로부터 웃음 짓기를 원하는 친구는 내게 슬픔을 가져온다. 한 가지 더 충고하자면 우정은 두 사람 중 한 명이 보다 부유해졌을 때 금이 간다.

　우정에서 약한 모습을 보여서는 안 된다. 인간의 마음은 아주 쉽게 깨어지는 유리그릇이다. 인간의 감정을 구성하는 성분마다 결함이 있다는 것을 명심해야 한다. 인간에게는 기본적으로 끈기가 없으므로 호감은 언제든지 반감이 될 수 있음을 알아야 한다. 아무리 오래 사귄 친구더라도 그의 마음은 나의 눈동자보다 더 약하다는 것을 알아야 한다. 그 연약한 마음을 건드려서는 안 된다. 그는 농담도 견디지 못하고, 진담도 견디지 못한다. 작은 불행도 참지 못하고, 나의 성공에도 감정이 상한다.

인간과의 교제는 극도의 주의가 필요한 매우 힘든 수행이다. 항상 그들의 연약한 마음을 신경 써야 하고, 표정도 수시로 살펴봐야 한다. 자기 신상에 조금만 불리한 일이 생겨도 그들은 불쾌감을 드러낸다. 인간은 감정의 노예다. 기분 내키는 대로 우정을 내팽개치기도 하고, 스스로 환상에 빠져 우정을 우상처럼 숭배하기도 한다.

우리의 시대에 진심어린 우정은 거의 사라졌다고 해도 무방하다. 참된 우정은 인간의 마음을 건강하고 굳건하게 다져준다. 우정이 우리의 정신을 성장시키는 것이다. 쓸데없는 감정표출로 자기 자신과 친구를 괴롭히는 일은 절대로 없다. 참된 우정은 다이아몬드 같아서 그가 죽은 후에도 가치를 발한다.

좋은 친구를 찾는 법은 인간에 대한 판단이다. 이때 기준은 예의다. 예의가 바른 사람은 타인과의 의견이 대립될 때 타인의 입장을 고려해서 최대한 공정한 판단을 내리려고 노력한다. 그 같은 노력의 결과가 좋지 못하더라도 이런 시도가 우정을 형성하고 지속하는 데 중요한 원동력이 된다. 예의가 바른 사람은 자기 생각이 옳은 것처럼 상대방의 생각도 그의 입장에서는 옳은 선택임을 인정할 줄 안다.

반대로 내면이 비천한 사람은 그가 스스로를 사랑하고 인정하듯 모든 사람이 자기를 사랑해주고 인정해줘야 한다고 생각한다. 그런 자들과 싸우느니 예의 바른 사람에게 시비를 걸어 다투는 편이 낫다.

내면이 비천한 사람의 행동 특성은 야비함이다. 그들을 공정하게 대우해준다는 것은 그들의 먹잇감이 되는 행동이며, 그들이 우리에게 공평을 베풀리라고는 기대하지 말아야 한다. 그들에게 우정은 의무가 아닌 편의이기 때문이다.

그들에게 충고는 한낱 시끄러운 말에 불과하다. 야비한 인간은 명예를 중시하지 않기에 타인의 명예에도 관심이 없다. 명예를 모르는 인간은 피하는 것이 최선이다. 그들에게 충고는 곧 싸움의 시작임을 명심해야 한다. 명예를 하찮게 여기는 사람이 미덕을 인지하고 있을 리 만무하다. 명예는 인간의 고결한 훈장이다. 야비한 자들에게 기대할 수 있는 가치가 아니다.

어려움을 함께 할 친구를 구하라. 위험과 맞닥뜨렸을 때 혼자가 아님을 감사하게 될 것이다. 사람들로부터 증오를 사게 되더라도 혼자 감당하지 않아도 된다. 성공의 영예를 혼자 감당할 수 있다고 착각하는 젊은이들이 있다. 그들에게 해주고 싶은 충고는 후일을 상기하라 인간은 언젠가 늙고 병든다.
오늘의 성공은 내일의 나와 함께해주지 않는다.
늙고 병들었을 때 나를 가장 먼저 시기하고, 비난하고,
함정에 몰아넣는 것은 오늘의 성공이다.
그때 나를 위로해줄 수 있는 사람은 가족이 아니다.
오직 친구뿐이다.

는 것이다.

　인간은 언젠가 늙고 병든다. 오늘의 성공은 내일의 나와 함께 해주지 않는다. 늙고 병들었을 때 나를 가장 먼저 시기하고, 비난하고, 함정에 몰아넣는 것은 오늘의 성공이다. 그때 나를 위로해줄 수 있는 사람은 가족이 아니다. 오직 친구뿐이다.

　가족이 가족을 위로하는 것은 혈연이라는 숙명과도 같은 관계 위에 정립된 의무다. 하지만 타인인 친구의 위로는 의무가 아닌 선택이며 희생이다. 그 숭고한 실천만이 훗날 비참해진 우리를 위로해준다.

　불행을 혼자 감당하려는 것보다 무의미한 만용은 없다. 당신 곁에서 당신의 고통을 함께 짊어지고, 당신의 잘못에 대해 함께 용서를 구하려는 친구를 가져라. 가혹한 운명과 매정한 대중도 두 사람을 동시에 공격하지는 못한다. 성공과 행복뿐 아니라 불행과 절망도 함께 나눴을 때 그를 친구라고 부를 수 있다. 인생의 불행은 우리의 두 팔로 받들기에는 너무나 무겁다는 것을 명심해야 한다.

　마지막으로 특별한 경우가 아니라면 친구에게 도움을 요청하지 않는다. 사소한 일에 친구의 호의를 이용하는 것은 우정이 아니다. 진짜 위기가 닥쳤을 때를 대비해 친구의 호의를 소중히 간직해둔다. 사소한 일에 친구의 호의를 남발한다면 친구의 호의는 점점 더 퇴색할 수밖에 없다.

불필요한 친구보다 적이 낫다

> 충고가 필요한 사람일수록 간섭을 싫어하고, 위로가 필요한 사람일수록 동정을 증오한다.

    사상의 대립보다는 성격의 충돌로 원수가 생겨난다. 우정이라는 감정이 지속되기 위해서는 먼저 양측의 재산과 사회적 지위, 입장에 큰 차이가 없어야 한다. 그 외의 관계에서 빚어지는 감정은 자발적인 복종과 호의적인 지배에 불과할 따름이다.

    추종과 아첨을 우정이라고 착각하는 사람들이 많다. 이것이야말로 우정에 대한 모독임에도 많은 사람들이 우정을 확인하는 선의로 추종과 아첨을 바란다. 그렇다면 이미 그 사람의 인생에서 상대방과의 친밀함은 우정이라는 성격이 아니다. 그는 지배를 원하고 있는 것이다.

    진정한 지배는 지위라는 권력의 도움을 필요로 하지 않는다. 칭찬과 선망만으로 나의 권리가 확보되는 것도 아니고, 내게 그만한 지위가 주어지는 것도 아니다. 지배당하고 싶지 않다면 나를 지배하는 자와 똑같이 행동하면 된다. 그것이 가장 빠른 길이다. 여기에는 망설임도, 절제도 없어야 한다. 지배당하고 있다는 자괴감과 지배하고 싶다는 비뚤어진 욕망이면 충분하다. 누군가를 지배하는 첫 번째 방법은 그에게 나의 비밀이 누설되지 않도록 주의하는 것이다.

적과 동지를 구별하는 몇 가지 방법이 있다. 우선 그에게 금전적인 도움을 요청해본다. 그런데 이것만으로 적과 동지를 구별할 수는 없다. 때로는 나의 파멸을 위해 적이 도움을 주는 경우도 있기 때문이다. 약점과 선동을 위해서다.

나의 경험에 의하면 적과 동지를 구별하는 가장 좋은 방법은 소문이다. 나의 불행을 타인에게 이야기하는가, 하지 않는가에 따라 적과 동지를 구별하면 된다.

인간관계에서 돈은 진실을 확인하는 창이다. 돈을 빌려달라는 요구를 거절함으로써 친구를 잃게 되는 경우도 많지만, 그보다 더 많은 경우 돈을 빌려줌으로써 친구를 잃게 되는 것만 봐도 그렇다. 최고의 친구는 한없이 적에 가까운 친구다. 충고가 필요할 때는 조언해주고, 교만해졌을 때 나를 위협하는 친구가 주변에 있다면 부모로부터 막대한 유산을 받는 것과 비교할만하다.

인격의 특징 중 하나가 이중성이다. 충고가 필요한 사람일수록 간섭을 싫어하고, 위로가 필요한 사람일수록 동정을 증오한다. 그 결과 우리가 알고 있는 역사가 탄생했다. 각각의 민족이 쌓아온 역사를 보건대 전쟁과 반란 외에는 찾아볼 게 없다. 위로와 충고가 역사에 기록된 적이 없기 때문이다.

평화로운 날들은 자만했던 날들로 기록되고, 배불리 먹고 마셨던 시기는 사치와 향락으로 오욕되기 일쑤다. 이것은 무엇을 말하는가. 인간 스스로 다툼과 반목을 추구했다는 뜻이다.

인간에게 평화는 지루함의 극치다. 행복한 순간은 지긋지긋한 권태로 기억되고, 굶주림과 갈증으로 죽음의 문턱에 다다랐던 시절은 강인한 인간성을 확인시켜준 영웅들의 자랑거리가 되곤 한다. 역사는 개인의 시간들이 한데 모인 기록이다.

역사가 이러할진대 개인의 삶이라고 다를 바 없다. 굶주림과 갈증, 추위와의 싸움뿐 아니라 부모, 형제, 이웃, 스승, 친구와의 다툼으로 생존본능을 확인한다는 것 빼고는 국가의 폭력성과 다른 점이 없다.

인간의 날이 지속되는 한, 도처에서 적이 출몰하고, 투쟁은 끝이 없다. 무기를 든 손에서 피가 마르지 않는다. 그것이 같은 곳에서 출현한 인간과 인간의 운명이다.

사랑이라는 착각에 대하여

사랑은 절대자만이 가능하다. 우리는 절대자에게서
받은 사랑의 기쁨을 흉내를 내는 것에 불과하다.

사랑이란 착각이다. 그가 나를 사랑하고 있다는 착각이며, 내가 그를 사랑하고 있다는 착각이다. 나의 사랑이 착각이었다는 것을 깨닫게 되었을 때 인간은 서글퍼진다. 사랑은 절대자만이 가능하다. 우리는 절대자에게서 받은 사랑의 기쁨을 흉내를 내는 것에 불과하다.

절대자는 사랑의 속성을 두 가지로 분리했다. 신뢰와 감사다. 신뢰 없이는 누군가를 사랑할 수 없고, 그가 나를 사랑한다는 것을 알게 되었을 때 감사하지 않는다면 그것은 사랑이 아니다. 결국 인간이 사랑할 수 있는 존재는 절대자뿐이다.

마찬가지로 인간을 사랑할 수 있는 것도 절대자뿐이다. 모든 인간을 사랑한다고 외치는 사람이 간혹 있는데, 대부분 정신적으로 성숙

되기를 포기한 페시미스트들이 술에 취해 떠드는 헛소리에 지나지 않는다.

나는 너를 사랑할 수 없다. 사랑하지 않는 것이 아니라 사랑할 수가 없다. 하지만 너에게 친절을 베푸는 것은 가능하다. 너를 증오하지 않고, 시기하지 않고, 너의 회한과 공포에 함께 울어주는 것은 가능하다. 너를 사랑할 수는 없지만 너를 동정할 수는 있다.

그렇다. 우리는 서로 보듬고 안아줄 수 있다. 인간은 서로 사랑할 수는 없지만, 아끼고 감싸줄 수는 있다. 그 친절에 감사할 수 있고, 내가 지쳐 쓰러졌을 때 누군가가 나를 안아줄 것이라는 믿음이 있다.

타인에게 비판을 당하는 것이 불쾌하다면 나부터 타인들에 대한 비판을 중단하는 것이 옳다. 시험 삼아 무엇이든 비판하고 싶어 하는 나의 버릇을 잠시 중단해야겠다. 그리고 내 힘이 닿는 데까지 내가 아는 사람들에게 선행을 베풀어야겠다. 그들이 요구하든 요구하지 않든, 혹은 감사하든 귀찮아하든 내가 할 수 있는 일들을 도와줘야겠다.

오늘 하루에 그칠지라도 돈은 비천하고, 명예는 악하며, 질투는 멸망할 것이라고 생각해야겠다. 내일 아침 나의 기분이 어떻게 변할는지 알 수 없지만, 적어도 어제 아침처럼 각박하고, 숨 막히고, 불안해하지는 않을 것이다.

대부분의 사람들이 나와 같다. 언제나 일은 하기 싫고 일에 대한 보상은 남보다 많기를 바란다. 은행에서 돈을 빌리고, 아는 사람 중에 출세한 인물이 있으면 어떻게든 그에게 붙어 사회적으로 높은 지위를 구걸하거나, 타인이 흘린 땀방울을 중간에 가로채거나, 최소한의 위험부담으로 최대의 성과를 내려는 것은 좋게 말하면 행복해지기 위해서고, 나쁘게 말하면 강탈이 습관화된 결과라고 할 수 있다.

확실히 이 사회를 이끄는 덕목으로 수탈이 보편화되고 있다. 너 나 할 것 없이 땀을 흘리지 않고 많은 것을 소유해야만 능력을 인정받는 다고 생각한다. 그러나 실제로 땀 흘리지 않고 부를 축적하는 사람은 소수에 불과하다. 결과적으로 불로소득을 바라는 다수의 사람들이 그 같은 삶의 자세로 인해 손해를 보고 있다는 뜻이다.

그럼에도 불구하고 이런 잘못된 폐단을 하루라도 빨리 깨달아 인격적인 가치를 증명하는 것이 인생의 덕목이라고 생각하려는 자는 극히 드물다.

인간은 일을 해야 한다. 자신에게 어울리는 노동에 뛰어들어야 한다. 노동은 인간에게 땀방울을 요구한다. 땀방울은 한 인간이 자기 자신의 의미에 대해 눈을 뜨게 만든다. 이것이 제대로 대접받지 못한다면 그 사회는 이미 죽어버린 사회다.

인생에서 가장 애처로운 시간은 먼 훗날, 관 속에 누울 날이 멀지 않았다는 것을 어렴풋이 깨닫게 되었을 때, 일생을 헛된 욕망을 쫓느라 세월을 탕진했다는 것을 새삼 느끼고는 한 번 더 시간이 주어지기를 가만히 소망해보는 때다.

한 번만 더 동일한 시간의 삶이 주어진다면 보다 가치 있게 보낼 수 있을 텐데, 하고 후회할 때다. 이것이 오늘날 나와 그들의 운명이다. 교양과 계급을 막론하고, 부자와 가난뱅이에 상관없이, 이것이 오늘날 인간의 운명이다. 내가 진심으로 나의 생애를 사랑한다면 정해진 운명으로부터 멀어지도록 노력해야 할 것이다.

젊은 날의 희망도 산산이 깨어지고, 소년 시절의 꿈도 여름날의 오후처럼 찌들어버렸다. 잎의 죽음을 재촉하는 바람이 나를 향해 불어오고 있다. 그 바람이 어머니의 품처럼 따뜻하게 느껴질 때 나는 낙엽처럼 저물어갈 것이다.

하지만 그 날이 오기 전까지 최선을 다하고 싶다. 낙엽처럼 힘없이 추락할 때 바람에게 말하고 싶다. 나는 최선을 다했다고, 그러니 후회하지 않는다고. 너를 미워하지도 않는다고 말할 수 있기를 바란다.

3부

신이 존재한다면, 나는 그가 되고 싶지는 않다

인간의 삶은 발정난 하복부가 전부가 아니다

성인과 현자가 추구하는 것이 이슬을 마시고 나뭇잎으로 끼니를 때우는 극단의 금욕과 성찰이 아니다. 그들이 깨우친 진리는 의식주의 문제와 관련이 없는 범부가 겪는 마음의 어지러움과 아집이다.

사람의 일생은 자연계의 순환이다. 새, 짐승, 벌레, 물고기와 마찬가지로 자연계의 조화를 이루는 일부에 지나지 않는다. 그러나 신은 인간에게 특별한 권리를 허락하셨다.

까마귀는 그 검은 깃털이 아무리 원망스러워도 벗어나지 못하고, 백로는 순백의 흰 깃에서 자유롭지 못하지만 우리들 인간은 자연이 이룩하려는 조화의지에 순응하면서도 한편으로는 자신이 원하는 모습을 가꿔나가는 데 필요한 능력을 발휘하고 있다.

자연의 섭리가 인간과 반목해야 한다는 뜻은 아니지만, 늙고 병듦을 당연시 여기고 이에 순응하면서 인생은 원래 고단함의 연속일 뿐이라고 포기한다면 원숭이처럼, 혹은 산양처럼 들판에서 나고 자라 자기보다 힘센 육식동물에게 잡아먹히는 존재들과 다름없다. 아무것도 남기지 못하는 사멸은 태어나지 말았어야 한다.

산양의 삶에서 기대할 수 있는 것이 무엇인가. 먹고 자는 데 필요한 식욕과 발정 난 하복부를 다스리는 음욕 외에는 어떤 것도 필요치 않다. 혹여 이런 것으로 만족하는 사람이 세상에 어디 있겠느냐고 반문할지도 모르겠다. 그러나 많은 사람들이 먹고 자고, 자식을 낳아 기르는 데 인생의 대부분을 낭비하고 있다.

그렇다면 대체 산양의 생활과 사람의 인생이 어떻게 다르다는 것인가. 인간으로 태어난 이상 산양의 생활에 만족해서는 안 된다. 혹시 이런 삶에 만족하고 있다면 스스로의 고귀한 정체성을 훼손하고 있다는 반증이므로 지나간 시간들을 반성함이 마땅하다.

인류의 역사를 다시금 떠올려본다. 생물학자는 인간도 한때 원숭이의 아류에 지나지 않았다고 주장한다. 그 말의 진위 여부를 떠나서 먼 석기시대에는 인간도 짐승의 생활과 크게 다르지는 않았을 것이다.

그러나 오늘날 인간과 원숭이의 삶은 천양지차다. 이같은 결론은 우리에게 무엇을 말하는 것인가. 즉 인류의 역사란 원숭이와 산양의 삶, 식욕과 물욕과 색욕에만 머물던 생활에서 탈피하고자 노력해온 투쟁의 세월임을 증명하고 있다. 예수도 이 때문에 십자가에 못 박혔고, 부처는 이로 인해 굶주렸으며, 수많은 위인과 천재들이 오해와 편견에 휘말린 채 그 짧은 생애를 마감해야 했다.

사람은 까마귀가 자신의 검은 깃을 체념하듯, 백로가 흰 깃이 어울릴만한 곳을 찾아 방랑하듯 외부적 환경에 휘둘리며 생존해서는 안 된다.

인간은 초월해야 한다. 동물적인 본능에서 초월해야 하고, 지나간 문명들로부터 초월해야 하고, 스스로의 산만한 정신과 독선에 몰두하는 이기심으로부터 초월해야 한다. 우리의 지성은 별개의 '소우주(小宇宙)'를 생성해야 한다. 우리의 삶이 생성과 소멸을 반복하는 우주의 원리를 뛰어넘어야 한다는 뜻이다.

인간이 소우주로서 맡은 바 임무를 다하기 위해서는 스스로 조물주의 위치에 올라서야 한다. 천지를 창조한 조물주로부터 부여받은 기본적인 여건에 만족하며 미소 지어서는 곤란하다. 각자의 삶에 필요하다고 생각되는 무수한 여건들을 만들어내야 한다.

조물주는 입법자인 동시에 입법의 실천가였다. 그러므로 조물주가 만들어낸 우주는 거대한 법률이다. 태양도, 달도, 별도, 지구도 우주의 법칙 아래서 자유롭지 못하다. 이 법률을 거역했을 때 어떤 행성을 막론하고 멸망이라는 형벌을 피하지 못한다.

짐승과 인간 또한 이같은 법률에서 자유롭지 못하기는 마찬가지다. 다만 금수는 사리를 분별하지 못하는 가운데 본능적으로 마냥 따라간다는 우연의 행운이 뒷받침되고 있을 뿐이다.

만약 인간들 중 누군가가 이런 법칙을 깨닫지 못한 채 자신의 탄생은 아비와 어미의 색욕에서 비롯되었고, 인생은 먹고살기 위한 몸부림이며, 죽음은 한탄할 만한 일이라고 생각한다면, 이는 짐승과 다를 바 없다. 두 발로 걸음을 내딛고, 학업을 쌓고, 사회에서 칭송 받는 위치에 있을지언정 그 내면의 사고방식이 이로부터 한 치의 발전이 없는 이상 그는 금수라 불려도 대항하지 못한다.

인간이 우주의 법칙을 깨닫고 자신의 삶에 적용시킬 수만 있다면, 그 장단점을 파악하여 적절히 배합시킬 줄 알게 된다면, 그의 지위는 원숭이로부터 시작된 영장류의 일종이 아닌 우주를 창조한 조물주에 버금가는 자존자(自存者)가 될 것이다.

철학의 목적이 여기 있고, 과학이 깨달아야 할 단 하나의 논리가 바로 이것이며, 수학이 증명해야 될 유일한 공식은 이와 같다. 인간이 짐승의 개체로부터 벗어나게 된 까닭은 다른 짐승과 달리 우주의 질서에 대해 의구심을 품었기 때문이다.

그래서 어떤 사람들은 색욕을 피하고, 또 어떤 사람들은 배고픔을 인내하고, 또 어떤 이들은 죽기를 마다하지 않고, 또 어떤 선구자들은 분노와 투쟁과 욕망을 내어버렸던 것이다. 이 모든 과정은 짐승의 본능으로는 결코 해낼 수 없는 인간만의 고유한 특권이었다.

인류의 역사를 화려하게 수놓은 위인들과 철학자, 현인, 혹은 영웅으로 불린 이들의 삶이 여기에서 크게 벗어나지 않음은 좋은 예일 것이다. 그들의 삶은 고단하고 힘겨웠지만 그들이 이룩한 삶의 의미만큼은 모든 인간들이 마땅히 취해야 될 가르침이 되었다. 그렇기 때문에 땅에 묻혀 흙이 된 지 수백수천 년이 지났음에도 여전히 우리는 그들의 삶을 기리는 데 주저함이 없다.

성인과 현자가 추구하는 것이 이슬을 마시고 나뭇잎으로 끼니를 때우는 극단의 금욕과 성찰이 아니다. 그들이 깨우친 진리는 의식주의 문제와 관련이 없는 범부가 겪는 마음의 어지러움과 아집이다. 이런 무가치한 것들을 삶에서 내보내는 방법, 즉 진리를 깨달았기에 비로소 성인이 될 수 있었고, 현자로 추앙받을 수 있게 되었다.

지옥보다 더 지옥 같은 곳

> 모든 희망이 단절되었다는 오해, 구원으로부터 버림받았다는 사실이 지옥을 두려운 곳으로 만들었다. 하지만 처음부터 희망은 없고, 구원도 존재하지 않았다는 자명한 진리를 깨달은 자라면 지옥을 두려워하지 않는다.

나를 무섭게 만드는 진리가 하나 있다. 인간은 '그 어떤 표상에 대해서도 권리를 지니고 있지 않다' 라는 명제다. 다시 말해 인간은 축복이 아닌 저주 속에서 태어났다는 이 부정할 수 없는 사태다.

그가 나에게 호의를 보인다고 해서 내가 그를 의존할 수는 없다. "좋아하는 것을 하라. 하지만 내 동의는 기대하지 말라!"는 거절을 곳곳에서 듣게 된다. 왜 주님이라는 자는 항상 '분노' 하고 계신가. 왜 그는 나를 멸망시키려고 하는가. 왜 나는 지옥으로 떨어져야 하는가 ….

그러나 이것은 아직 '표상' 이 아니다. 나의 심연은 아직 지옥에 도착하지 않았다. 지옥에 떨어져야 한다면 두려움이라도 빨리 사라져 주기를 바란다. 지옥은 두려움의 대상이 되어서는 안 된다. 그것은 결말이기 때문이다. 지옥이란 도대체 무엇인가. 왜 인간은 지옥을 두려워하는가. 내가 생각하는 지옥과 지옥의 실체는 어떻게 다른가. 지옥의 형상을 무엇에 비유해야 하는가.

내가 말하고자 하는 것은 우리가 지옥이라 부르는 그곳이 지옥은 아니라는 것이다. 우리가 말하는 지옥은 '지옥의 예감'이다. 우리는 단지 지옥을 예감하는 것뿐이다. 그 안에서 어떤 일이 일어날지를 상상해보는 것이 고작이다.

우리는 지옥의 실체를 모르기 때문에 무서운 곳이라고 두려워하게 되었다. 모든 희망이 단절되었다는 오해, 구원으로부터 버림받았다는 사실이 지옥을 두려운 곳으로 만들었다. 하지만 처음부터 희망은 없고, 구원도 존재하지 않았다는 자명한 진리를 깨달은 자라면 지옥을 두려워하지 않는다.

견뎌내야만 한다. 왜냐하면 너의 모든 지성, 너의 모든 사고의 능력이 너를 구원해내지는 못하기 때문이다. 너는 다른 자들과 마찬가지로 너를 상실하게 된다. 너의 삶은 머잖아 무너지게 된다. 너의 소유라고 믿었던 인생과 함께 너도 무너지게 된다. 너는 심연을 바라보고 있다. 부들부들 떨면서 심연을 바라보고 있다. 너는 분명 두려워하고 있다. 네게 필요한 것은 빛이다.

그러나 지금 이곳에는 빛이 없다. 그 때문에 너는 두려워하고 있다. 단 몇 분간 숨을 쉬지 못한 것만으로도 너는 죽음에 도달한다. 죽음은 그처럼 하찮은 현상이다. 고작 그런 이유로 죽을 수 있다는 것이 우습지 않은가? 너의 자존심이 부끄럽지 않은가? 너에 대한 망상과 허영들이 증오스럽지 않은가?

이런 것들은 너를 지탱해주지 못한다. 단 몇 분간 숨을 쉬지 못하면 너는 죽는다. 그것이 너의 실체다. 너에게는 그 몇 분이 지옥처럼 느껴질 것이다. 아니, 지옥에서의 고통이 이와 같으리라고 생각될 것이다.

너에게는 아무것도 없다. 또 아무것도 가질 수 없다. 가질 수 없음을 두려워해서는 안 된다. 가질 수 없다는 진실을 망각해서도 안 된다. 그렇게 적당히 살아가는 것이다. 몇 분 만에 삶과 죽음으로 나눠지는 이 운명을 그냥 받아들이라는 것이다.

독백과 기도마저도 거짓이 지배하고 있다

> 글은 영혼을 현실로 끌어내린 것이다, 현실 속에서
> 일어난 영혼의 착각이 곧 글이다.

잘못된 독서는 나쁜 친구와 어울리는 것보다 더 나쁘다. 인간의 머리는 실제생활에서 경험한 것보다 상상 속에서 대면한 장면들에 더 큰 매력을 느낀다. 인간의 지성은 한계가 있다. 지성의 한계는 공상의 산물을 현실과 착각한다는 점이다.

인간은 외부환경에 대해서는 어느 정도 판단이 가능하지만, 내부에서 들끓는 가설에 대해서는 그 주체가 자기 자신이었다는 이유로 무조건 미화시킨다.

거리에서라도 마주치는 일이 없기를 바라게 만드는 사악한 무리들에 대해서는 다들 경계를 늦추지 않는다. 그러나 말초적인 오감을 자극하는 신문이나 소설, 연극 등은 아무도 경계하지 않는다. 자녀가 이런 문란한 작품들에 익숙하다는 것을 꽤나 큰 자랑거리로 여기는 집안이 있을 정도다.

한 권의 책이 때로는 한 인간의 삶을 불행하게 만들 수도 있다는 것을 왜 모를까? 한 권의 책으로 말미암아 불행해진 한 사람 때문에 이 사회가 불행해질 수도 있다는 것을 왜 모를까?

인간의 삶에는 이성으로 판단할 수 없는 신비스러운 힘이 깃들여 있다. 위대한 선각자들의 전기문을 읽어볼 기회가 있을 때마다 나는 혼자 그런 생각에 사로잡힌다. 몇 줄의 문장과 인생의 단면들에 대한 소개로 한 인간의 삶을 온전히 재현했다고는 말할 수 없을 것이다.

과연 자신의 체험을 있는 그대로, 마음의 동요까지 정확하게 포착해서 제 3자에게 이해시킬 수 있는 능력을 가진 문장가가 존재했는지 의문이다. 나 또한 그런 경지를 소원해보지만 어떻게 해야 되는지는 전혀 모른다.

딱 한 번 내 마음속에서 그것이 이루어진 적이 있다. 아마도 꿈을 꾸고 있었던 것 같은데, 내 영혼이 책상 앞에 앉아 글을 쓰면 모든 것이 현실이 되곤 했다. 어떤 설명을 듣거나, 사전을 뒤적거릴 필요 없이 꿈속에 나타난 풍경들이 나의 글임을 이해할 수가 있었다. 하지만 잠에서 깨어났을 때는 말 그대로 꿈이었다. 허공 속에 묻혀버린 신기루였다.

어느 유명 작가가 이런 말을 했다. "가장 중요한 것은 스스로 올바르다고 생각되는 그 길을 걷는 것이다. 글은 그 길의 이정표에 불과하다."라고.

나는 이렇게 말하고 싶다. "글은 영혼을 현실로 끌어내린 것이다, 현실 속에서 일어난 영혼의 착각이 곧 글이다."라고.

가끔은 책들로부터 멀어질 필요가 있다. 잠시 내가 알고 있는, 내 머릿속에 강제로 저장시킨 지식들에게 자유를 허락할 필요가 있다. 나의 육신이 휴식을 취할 때 내 영혼은 생기를 얻는다. 내가 육신으로부터 벗어났을 때, 나의 영혼은 현실의 착각 속에서 깨어난다.

순결한 영혼 없이 순결한 글은 나오지 않는다. 신앙이 영혼을 순결하게 보듬는 것은 사실이지만 간혹 신앙의 자극으로부터 영혼을 보살펴야 할 때도 있다. 독서는 인간의 행동양식 중 가장 아름다운 행위이지만 자기 내면에 숨겨진 감정을 표현하지 않는다면 진정한 독서라고 할 수 없다.

독서는 나를 표현하기 위한 일종의 자극이다. 자극만 받고 이를 표출하지 않는다면 언젠가는 그 자극에 무뎌진다. 이는 독서의 폐해라고 할 수 있다. 실제로 내 주변에는 책을 너무 많이 읽는 바람에 자기 자신을 잃어버린 사람이 있다.

책은 막강한 힘을 가진 권력자다. 기독교의 신조차 성경이라는 책의 구조를 빌어 말씀을 보관하실 정도다. 그런 책을 사람이 이길 수는 없다. 게으른 성직자들은 성경만 볼 뿐, 성경에서 받은 자극을 표출하지 않는다. 그래서 육신을 잃고 껍데기만 남은 채 교리에 갇혀 지내는 신세가 된 것이다.

진실만을 이야기한다는 것은 쉬운 일이 아니다. 진지하게 노력해도 인간의 입술에서 진실만이 흘러나온다는 것은 불가능에 가깝다. 거짓의 관습은 벌써 오래 전부터 나의 삶을 지배해왔다. 혼자만의 독백과 잠자리에서의 짧은 기도마저도 거짓이 지배하고 있다. 나의 은밀한 곳까지 거짓이 강물처럼 범람하고 있다.

왜 그런지는 모르겠지만 나는 다른 사람의 거짓말을 금방 눈치 채는 편이다. 그의 눈짓, 잔뜩 주름진 이마, 필요 이상으로 심각한 표정과 쉴 새 없이 반복되는 손짓에서 나는 그가 거짓말을 하고 있음을 알아차린다. 문제는 그 거짓말이 내 마음에 들었을 경우, 다시 말해 그가 진실을 왜곡해서라도 내 마음을 흡족하게 만들고 싶어한다는 것을 알게 되었을 때, 나도 모르게 그의 거짓말을 진실로 인정해버린다는 점이다.

어떤 사람들은 도시의 화려한 야경을 가리키며, "이것이야말로 우리 시대가 만든 진리입니다."라고 당당하게 말한다. 그러나 삭막한 도시의 한 귀퉁이에 의지할 처소를 마련한 내 눈에는 이 아름다운 야경이야말로 투쟁과 거짓과 속임수의 상징일 뿐이다. 거리의 전등이 꺼지고 새벽이 찾아오면 도시는 베일을 벗고 그 본질을 드러낸다.

도시의 본질은 고된 삶을 외면하는 것이며, 정직하고 올바르게 살아가려는 사람들을 의식적으로 조롱하고 경멸하는 것이다. 인간의 손으로 쌓아올린 도시가 인간을 배타하고 있다. 그 모습이 화려하게 포장되어 있는 것은 눈속임에 불과하다. 나는 이 도시를 진리로 착각할 수가 없다. 이 도시가 내게 강요하는 것들을 따라갈 수가 없다.

인류의 역사가 시작된 이래 지금까지 수많은 과학적 발견과 철학이 등장했다. 그러나 인간의 지성이 이룩한 결과물들 중 오류로부터 자유로운 관념은 없었다. 이들 관념을 우리는 한때나마 진리로 확신했던 적이 있었다. 하지만 숨길 수 없는 오류가 발견되면서 진리는 연구실의 실험결과가 되었고, 진리는 개인적 차원의 사상이 되었다.

진리를 구하려는 자는 자신이 진리의 좌표임을 명심해야 한다. 진리를 만들어낸 주인공으로 역사에 기록되는 것을 기대해서는 안 된다. 그리스도는 자신을 '길'이라고 표현했다. 진리는 한 사람에 의해 만들어지고 창조되지 않는다. 길과 길이 이어져 전 인류가 도달하는 동산이다. 그것을 잊지 말아야 한다.

도시의 본질은 고된 삶을 외면하는 것이며,
정직하고 올바르게 살아가려는 사람들을
의식적으로 조롱하고 경멸하는 것이다.
인간의 손으로 쌓아올린 도시가 인간을 배타하고 있다.
그 모습이 화려하게 포장되어 있는 것은 눈속임에 불과하다.
나는 이 도시를 진리로 착각할 수가 없다.
이 도시가 내게 강요하는 것들을 따라갈 수가 없다.

우리의 세계에 신이 필요한 까닭

> 신이 창조한 세계의 피조물 중 가장 발달한 인간이
> 불완전하다는 것만큼 신의 실패를 완벽하게 증명해
> 주는 증거는 없다.

기독교의 하느님이 이 세상을 창조한 것은 실수였다. 그가 저지른 가장 큰 과오인데, 일종의 우발적 살인이다. 훗날 직접 피조물의 형상으로 세상에 내려와 사람들 앞에서 인간의 말을 한 것은 그나마 용서받을 수 있다. 자신이 저지른 죗값을 스스로 받아들이려고 했다는 점에서 양심적이었다고 칭찬해줄 수는 있다.

불교는 이 세계를 일컬어 불가사의한 무명(無名)이라고 정의한다. 천계의 정토(淨土)를 갈구하며 열반에 이르기만 하면 속세에서는 감히 기대조차 할 수 없었던 안락한 상태가 지속된다고 한다. 이것이 열반이며, 속죄를 통해서도 열반에 이를 수 있다고 한다.

불교의 가르침은 숙명론에 가깝다. 불교론자에게는 도덕마저도 우연이다. 마치 우주의 초창기에 행성의 충돌, 성운의 추락으로 지구라는 혹성이 만들어졌다는 진화론과도 맞닿는다. 실제로 자연현상을 관찰하다보면 불교의 교리와 유사한 상황을 자주 목격하게 된다. 우연은 종(種) 생성과 진화에 가장 큰 영향력을 행사하는 참관자이기 때문이다.

인과관계라는 이분법적 세계관은 불교의 특징 중 하나인데, 불교에서는 오늘날과 같은 정신붕괴와 도덕적 해이의 원인으로 인간의 마음이 흐려진 탓이라고 말한다. 인간의 마음이 흐려진 탓에 인간과 세계의 관계가 악화되었고, 결과적으로 인류의 생태가 비참해졌다는 것이다. 틀린 말은 아니라고 생각한다.

그리스 사람들은 필요에 의해 신(神)이 출현했다고 여겼다. 세계가 신을 필요로 했고, 신 또한 세계를 필요로 했을 것이라는 주장이다. 신이 인간을 필요로 했고, 인간도 신을 요구했다는 개념은 인간의 가치를 최대한으로 확대해석했기에 정서적 만족을 준다. 따라서 훌륭한 가르침이다.

고대 페르시아에서는 선한 신과 악한 신의 투쟁에서 세계가 파생되었다고 믿었다. 신들의 싸움에서 태어난 인간 또한 선과 악, 둘 중 하나를 택할 수밖에 없다는 숙명론을 펼쳤다. 이 또한 수긍할 수 있다.

하지만 유대교만큼은 납득도, 용서도 못하겠다. 유대교의 신은 자기 뜻대로 이토록 비참한 세계를 만들어놓고는 자기 취미를 살려 강압적인 교리를 부과했다. 이 비참한 세계에서 오직 자기만이 행복해질 수 있는 권리를 남겨놓았다. 그는 피조물에게 속죄하지도 않고, 죽음 뒤의 불멸도 이야기하지 않는다. 그가 만든 현세에서 착취당하거나, 착취하는 인간의 모습을 구경하느라 정신이 없다. 내가 유대교를 증오하는 이유다.

라이프니츠가 말한 대로 이상적인 세계에도 신은 필요하다. 한마디 덧붙이자면 그 세계에 모두를 만족시키는 신이 등장했다고 해도 사람들은 또 다른 종교, 또 다른 신을 찾아 헤맬 것이다. 지금 살고 있는 세계보다 더 나은 세계를 창조할 수도 있었다는 아쉬움이 인간을 유혹할 게 뻔하기 때문이다.

우리의 뇌리에 가득한 절망과 불안이 "신이 창조한 세계는 완벽하다"고 외치는 자들의 논리에 반박하고 있다. 신이 창조한 세계의 피조물 중 가장 발달한 인간이 불완전하다는 것만큼 신의 실패를 완벽하게 증명해주는 증거는 없다. 성서의 기록대로라면 자신의 생김새를 본떠 만든 인간의 존재야말로 신의 열악함을 확인시켜주는 논리적 결과물이라고 해야 할 것이다.

반면에 세계는 인간이 저지른 죄과의 응보이며, 인생은 그동안 인류가 저지른 죄에 대한 보복이라고 말한다면, 우리가 사는 세계의 부조리와 잔인성에 고개를 끄덕이게 된다. 세상은 점점 더 살기 힘든 곳이 되리라는 비관론자의 주장에 공감할 수밖에 없다. 우리의 고뇌와 고통과 광기에 연민을 느낄 수 있다.

신의 존재를 인정하는 입장은 자신이 겪고 있는 불행과 고난을 신에게 떠넘길 수 있다는 점에서 편리하다. 모든 책임을 신에게 전가시킬 수 있다. 나의 어리석음도, 불우함도, 정욕도 모두 세계와 나를 만든 신의 잘못이기 때문이다. 후자의 입장, 즉 세계는 인간이 저지른 죄과의 응보라고 생각하는 사람들은 불행과 방탕이라는 저주를 자기 안에서 찾아내야 한다.

욕망을 쫓아 양심과 윤리를 저버린 스스로를 규탄하고, 죄의 원동력으로 작용한 의지를 심판해야 한다. 이는 자기 손으로 몸에 매를 드는 것과 같다. 그 고통이 우리를 구차한 지상의 삶에서 영혼의 길로 인도한다.

우리의 아버지는 방탕한 범죄자였다. 우리는 아버지들이 저지른 범죄로 악에 가득 찬 세상에 태어났다. 이 불행한 세계에서 온갖 시련과 고통을 겪으며 어둠에 숨어 살다가 죽는다. 우리의 죗값인 동시에 우리보다 먼저 이곳에서 살아간 사람들이 남겨놓은 유산이다.

이 세계는 불확실한 개념들로 넘쳐난다. 확신할 수 있는 것은 아무것도 없다. 세계를 구성하는 핵심적인 원자가 '죄'인 탓이다. 우리는 이 부정할 수 없는 사실을 물리적으로 접근해서는 안 된다. 형이상학적으로 이해하고 수용해야 한다. 물리적 경험으로는 우리의 유전자에 깊이 각인된 '원죄(原罪)'를 발견하지 못한다.

성서의 원죄 이야기는 우화형식을 취하고 있지만, 나의 판단으로는 구약에서 유일하게 형이상학적인 진리를 담고 있는 구절이다. 인간의 근본원리는 하나의 죄과, 다시 말해 첫 번째 범죄에 의해 형성되었다. 인간의 존재는 사악한 욕망의 결과였다.

우리가 똑바로 살아가려면, 세계에 최소한의 피해만 입히려면 다른 가르침은 필요 없다. 다른 길도 필요 없다. 속죄뿐이다. 물리적인 현상에 속지 않기 위해서도 속죄뿐이다. 타인의 먹이가 되어 허무하게 사라지지 않기 위해서도 속죄뿐이다.

이 땅은 지옥의 식민지다. 이곳은 지옥의 백성들을 공급하는 거대한 공장이다. 동시에 가장 완벽한 감옥이다. 누군가 그 사실을 말해주기 전에 우리 스스로 현실을 직시해야 하며, 받아들여야 한다. 그것만이 이 땅에서 보잘것없는 생명을 유용하게 소비하는 방법이 될 것이다.

옛 시대의 철학자들, 가톨릭의 사제들, 각 나라의 뛰어난 현자들, 바라문교의 지혜자들, 불교의 지혜자들 모두 이를 인정하고 있다. 순수한 기독교인 또한 인간이라는 생명체가 타락에서 비롯되었으며, 범죄에 의해 생산되었다고 믿어왔다. 이렇게 생각하면 인생은 설명하기가 아주 쉽다. 욕심을 부리지 않고도 만족할 수 있으며, 신의 이름을 부르짖지 않아도 우리의 영혼은 겁나지 않는다.

　세상사람 모두가 자기 몫을 기다릴 줄 알게 된다. 모순과 고통과 질병과 불행은 하필이면 나를 찾아온 저주스런 운명이 아닌 언젠가는 만나는 게 당연한 내 삶의 일부로 인정하게 된다. 그것이 우리가 실천할 수 있는 유일한 속죄다. 신을 대신해 우리가 이 세계에 베풀 수 있는 유일한 안식이다.

　이 땅은 우리에게 약속과 축복의 대지가 아닌 속죄를 위한 터전임을 한 순간도 망각해서는 안 된다. 우리를 방문하는 온갖 종류의 해악(害惡)은 우리가 짊어져야 할 열매임을 망각해서는 안 된다. 따라서 사람을 믿어서는 안 된다. 사람을 믿는다는 것은 범죄자를 신뢰한다는 뜻이며, 누군가와 우정을 맺는다는 것은 그의 앞에 놓인 죗값까지 내가 들고 가겠다는 의사표시다.

　천재가 고독한 까닭은 인간의 사귐이 얼마나 두렵고 해괴한 짓인지 알고 있기 때문이다. 천재는 비열한 속물들에게 시달리는 선량한 정치가와 같아서 스스로를 고립시키지 않고서는 온전히 살아갈 수가 없다. 불완전한 인간이 완전한 인간에게 불완전하기를 바라는 것이 통례이므로 천재는 불완전한 자들과의 관계를 거부하는 것이다.

　나를 포함한 모든 인간이 도덕적으로 가련한 존재들이다. 거울 속

얼굴만 쳐다보고 있어도 금방 알 수 있는 일이다. 그 때문에 수치스러워할 필요도 없고, 격분할 필요도 없다. 사실 그대로를 인정하고 거울 속 나의 얼굴을 너그러이 용서해주었듯이 문 밖의 사람들에게 용서를 베풀면 된다. 홀로 십자가를 짊어질 필요가 없는 것이다.

인류가 우리에게 기대하는 바가 없다는 것은 이 비참한 세상에서 그나마 위안이 되는 축복이다. 앞으로 우리는 서로의 이름을 부르는 대신 "고통 받는 자여"라고 불러야 할 것이다. 그 이름이 인간의 형상에 더 어울리기 때문이다.

인생의 전반기는 행복에 대한 갈망으로 꿈틀거린다. 그래서 행복을 가졌다고 말하는 자들에게 맹목적으로 헌신한다. 신에게 집착할 때도 바로 이 무렵이다. 물론 청춘의 신은 그 모습이 매우 다양해서 때로는 술집에, 때로는 도서관에, 때로는 지갑에 도사리곤 한다.

그러나 생의 후반기가 되면 갈망은 공포로 바뀐다. 인간은 누구를 막론하고 생의 후반기에 접어들면서 행복은 신의 망상이며, 신이라고 여겼던 존재야말로 고통의 근원이었음을 깨닫게 된다. 삶의 지혜를 구하고 싶다면 먼저 욕심을 버려야 한다. 내 안에서 신의 자리부터 없애야 한다. 향락과 풍요와 건강을 탐하기보다는 차라리 덜 고통스러워지기를 소망해야 한다.

시간은 부조리를 강요하고 실연을 당하게 만든다

> 배가 물 위에 뜨기 위해서는 무게가 필요하듯 사람이 사람답게 살기 위해서는 최소한의 근심과 불안, 압력과 불행이 필요하다. 노동, 죄의식, 고뇌, 가난은 우리에게 주어진 시간의 본질이다.

    생존이라는 고뇌를 더욱 무겁게, 불편하게 만드는 것은 시간이다. 우리의 삶은 시간에 쫓겨다니는 사냥감이다. 잠시의 숨 돌릴 틈도 없다. 우리의 삶은 시간이라는 감옥에 갇힌 죄수다. 간수는 채찍과 몽둥이를 들고 창살 밖에서 우리를 감시한다. 간수의 정체는 권태다.

    권태는 언제나 우리 등 뒤에 서 있다. 간수의 채찍질에 우리 몸은 만신창이가 되기 일쑤다. 지루함, 무기력, 사라진 의욕으로 죄수는 석방에 대한 꿈조차 잃어버리고 만다.

    육체가 지구라는 행성에서 목숨을 연명하려면 대기의 압력이 필수다. 육체에 부여되는 압력이 육체의 두 발이 대지에서 떨어지지 않도록 붙잡아준다. 그렇다면 일상생활에서 그 같은 압력이 느껴지는가?

아니다. 우리는 대기의 압력을 전혀 의식하지 못한다. 피부의 감각은 대기가 자신을 짓누르고 있음을 의식하지 못한다.

시간이 지구라면 성공에 대한 부담, 승리에 대한 압박, 실패에 대한 두려움은 대기의 압력이다. 중압감이 사라진 인생은 대기압이 사라진 지구에서 저 멀리 우주로 날아가는 허망한 육신이다. 우주의 먼지로 몸이 부서지듯 고통과 절망이 사라진 인생은 방종과 낭비와 광기로 허황되게 사라져갈 것이다.

배가 물 위에 뜨기 위해서는 무게가 필요하듯 사람이 사람답게 살기 위해서는 최소한의 근심과 불안, 압력과 불행이 필요하다. 노동, 죄의식, 고뇌, 가난은 우리에게 주어진 시간의 본질이다.

물리학자는 해와 달의 운동이 시간이라고 정의했지만, 그것은 눈에 보이는 표피적인 관찰에 지나지 않는다. 우리의 삶, 즉 시간은 고통이다. 시간은 인간에게 성장을 보여줌으로써 부조리를 강요하고, 사랑을 느끼게 함으로써 실연을 당하게 만든다. 그리고 궁극적으로는 죽음이라는 영원불멸의 고뇌를 두려워하게 만든다. 그 두려움은 모태에서 빠져나온 그날부터 계속된다. 이것이 우리의 운명이며, 시간의 본질이다.

그런데 만일 인간의 무지한 소원이 이루어져 영원한 시간이 주어지고, 모두가 부유해지고, 늙지 않고, 사랑하게 되고, 병들지 않는다면 어떻게 될까. 인류의 모든 구성원이 행복의 절정을 맛보게 될 것이다. 그 다음은 어떻게 될까. 인간의 모든 소원이 이루어진 후에는 어떻게 되냐는 것이다. 권태뿐이다.

인생은 여백만 남게 된다. 어제를 추억하고, 오늘을 살아가고, 내일을 기대해도 떠오르는 것은 거대한 백지다. 하고 싶은 일도 없고, 그리운 사람도, 만나고 싶은 사람도 없다. 축제가 기다려지지도 않는다. 희열도 없다. 만끽도 없다. 배부름도 없고, 포근함도 없다. 이 모든 상황이 그저 지겨울 뿐이다.

인류의 소원이 이루어진 곳이 한 군데 있다. 바로 천국이다. 천국에서는 일하지 않고도 배불리 먹을 수 있으며, 잠들지 않아도 피곤하지 않고, 미움도 없고, 다툼도 없고, 시기질투도 없고, 그래서 베풂도 없고, 구제도 없고, 봉사도 없고, 친절도 없고, 나눔도 없다. 돌보지 않아도 꽃이 피고, 물을 주지 않아도 나뭇잎이 푸르고, 모이를 주지 않아도 새들이 지저귄다. 눈길이 마주치는 사람마다 나를 사랑하게 되고, 내 눈에 띄는 사람마다 모두 사랑하게 된다. 그 다음은 어떻게 될까. 권태다.

그렇다면 권태로운 인간은 행복한가? 그렇지 않다. 천국이 지옥으로 바뀌는 순간이다. 권태라는 간수가 내 등 뒤를 노려보는 감옥이 되는 것이다. 천국에서 권태라는 간수를 만난 인간은 자신이 죄수임을 깨닫게 될 것이다. 그리고 죄수답게 다툼과 분쟁을 일삼게 되고, 급기야는 죄의 끝, 즉 살인을 저지르게 된다. 거룩한 천국의 토지를 피로 적시게 될 것이다.

나는 천국에서 권태를 깨달아 다시 인간으로 돌아오느니 지금 살고 있는 이곳에서 고난을 받고 싶다. 고통에 몸부림치고 싶다. 가난과 굶주림에 지쳐 먹고 살 궁리에 연연하고 싶다. 인류에게는 고뇌로 가득한 세계, 대기의 압력이 죽을 때까지 가해지는 세계가 필요하다. 인간의 본성 자체가 그런 세계에 적응할 수 있도록 만들어졌다. 그밖에 무대는 인간에게 어울리지 않는다.

어린 시절에는 인간으로서의 운명을 알지 못했다. 그래서 무대 앞에 앉아 연극이 시작되기를 기다리는 초조와 흥분으로 항상 들떠 있었다. 인생이라는 무대 위에 내가 소원했던 연극이 펼쳐지기를 고대했다. 그리고 극장 밖으로 나가면 무대에서 펼쳐진 연극이 내 삶에서 고스란히 재연될 것이라고 믿어 의심치 않았다.

그렇게 즐거운 마음으로 사춘기를 맞고, 청년이 되고, 어른이 되고, 나이가 들었다. 이제는 내가 생각했던 행복이 어떤 것이었는지도 모르겠다. 어렸을 때 봤던 연극의 줄거리도 모두 잊었다. 어렴풋이 떠오르는 기억은 그날 본 광경이 재판이었다는 것이다. 그날 내가 본 연극은 앞으로 일어날 생의 선고였다. 아이들은 그 판결이 어떤 의미인지를 이해하지 못했다. 그저 좋은 구경을 했다는 만족감으로 집에 돌아갔다.

그러나 무대 위에는 시간이 흐르고 있었고, 시간은 어린 소년들 앞에서 이런 대사를 중얼거렸다. "오늘은 정말 힘들었을 거야. 하지만 내일은 더 힘들겠지. 살다보면 점점 더 괴로워질 거다. 네가 마지막으로 세상을 떠나는 날까지 고통은 점점 더 심해질 거야." 어린 소년들은 즐거운 마음으로 시간의 판결이 이루어지기를 소망했던 것이다. 오래도록 살면서 시간이 낭독한 판결문이 자신의 삶 속에서 이루어져가는 광경을 지켜보고자 어른이 되어갔던 것이다.

소유는 의무의 시작이다

> 소유는 만족을 위함이 아니다. 소유는 의무의 시작이다. 내가 뭔가를 가졌다는 것은 내게 어떤 의무가 주어졌다는 신호다. 많은 것을 가질수록 나는 많은 의무로부터 괴로움을 겪어야 한다.

    내가 그것을 원하고 바란다고 해서 지금 당장 손에 거머쥘 수 있는 것은 아니다. 어쩌면 나는 가져서는 안 되는 것을 소원하고 있는지도 모른다. 혹은 가질 수 없는 것을, 아니 내게 허락될지언정 움켜쥐지 못하고 그저 바라봐야만 하는 것을 희망하고 있는지도 모른다.
    내가 그것을 사랑하기 전에 먼저 나 자신에게 물어봐야 한다. 나는 그것을 사랑할 자격이 있는가? 사랑한다는 대답이 그것을 소유할 자격이 될 수 있는가? 먼저 그 질문에 솔직히 대답할 수 있어야 한다. 은총이 기적처럼 내게 그것을 허락할지라도 내가 그것을 누릴만한 자격이 되는지 확신할 수 있어야 한다. 그것을 소유함으로써 내 삶이 부끄러워진다면 나는 그것을 움켜쥐지 않겠다. 이것은 자연의 순리다. 자연은 가치가 있는 것들에게만 가치를 부여한다.

소유는 만족을 위함이 아니다. 소유는 의무의 시작이다. 내가 뭔가를 가졌다는 것은 내게 어떤 의무가 주어졌다는 신호다. 많은 것을 가질수록 나는 많은 의무로부터 괴로움을 겪어야 한다. 내게 신을 향한 믿음이 존재한다는 것을 인정하는 그 순간, 신의 뜻대로 살아야 할 의무가 주어진다는 사실을 받아들여야 한다.

이기주의가 결과적으로는 자신에게 해가 된다는 것을 깨닫지 못하는 한, 즉 이성의 도움을 빌어 그 결과를 객관적으로 판단하지 못하는 한, 정말 운 좋게 신앙의 힘으로 그 같은 폐단을 알게 되더라도 인간은 이기주의를 버리지 못할 것이다.

우리는 어머니의 고통과 함께 세상에 태어났다. 우리의 생명은 한 여인에게는 죽음을 떠올릴 정도로 고통스러웠다. 그것을 알게 된 후에도 우리는 어머니에게 감사하지 않는다. 아주 당연하다는 듯 뻔뻔스러운 얼굴로 어머니의 눈가에 맺힌 이슬을 냉소한다. 우리는 태어남과 동시에 이기주의를 배웠다. 그렇기에 신앙마저도 욕망을 성취하기 위한 수단으로 바꿔버렸다.

우리가 살고 있는 이곳을 천국으로 만드는 방법이 하나 있다. 아무것도 욕심 내지 않는 것이다. 나 자신은 물론이고 다른 사람에게도 뭔가를 요구하지 않는 것이다. 모르긴 해도 다가올 천국은 이런 모습일 것이다. 이성적으로 생각해봐도 욕망으로 가득 찬 인간이 천국에서의 생활에 만족한다는 것은 불가능하다.

그러니 이제 와서 뒤를 돌아볼 필요가 없다. 언제나 앞만 바라보라. 언제 닥칠지 모르는 최후의 순간에 육신의 생명을 뛰어넘어 저 높은 곳을 향해 달려가게 된다는 것을 믿어라. 내 뒤에는 그림자뿐이다. 그곳에는 내가 아쉬워해야 할 그 무엇도 없다.

과거의 실패를 기억하는 것과 과거의 실패에 얽매이는 것은 별개의 문제다. 나는 상처를 기억하고 싶다. 하지만 그 상처에 언제까지나 아파하고 싶지는 않다. 한 인간의 영혼이 자기 자신의 실체에 대해 좀 더 객관적인 눈으로 바라보고 싶다는 생각을 하게 되었을 때, 그의 영혼은 다음과 같은 성장과정을 경험하게 된다.

첫째, 세속적인 것들에 불만을 느끼기 시작한다. 자신이 존재하는 이유가 세속적인 욕망이 추구하는 결과물에 한정되어 있다는 것을 생각할 때마다 가슴이 시리고 아프다. 그런 아픔에 익숙해질수록 명예나 재물, 권력 같은 세상의 덕목들이 하찮고 우습게만 보인다. 그리고 뭔가 색다른, 그 동안 잊고 살아왔던, 혹은 현재의 나를 가능케 한 어떤 존재를 내 안에서 발견하고 싶다는 충동에 휩싸인다.

둘째, 내 안에서 꿈틀거리던 막연한 존재가 신이었음을 확신하게 된다. 자연스레 나의 욕망이 아닌 신의 욕망을 고민하게 된다. 그와 동시에 살아가는 동안 내가 해야 할 일들과 해서는 안 될 일들에 대한 기준이 생긴다. 또 나만을 사랑하고 아껴왔던 가식적인 굴레에서 벗어나 타인을 염려하는 마음을 갖게 된다. 그 결과 난생 처음으로 해방과 자유를 맛본다.

나와 세계라는 단순구조에서 우리 모두와 세계라는 복합구조로 새롭게 정립되었기에 가능한 자유다. 즉 내가 얻지 못하더라도, 내가 그것을 해내지 못하더라도, 내가 좌절하고 상처를 받더라도 예전처럼 슬퍼하거나 의기소침해하지 않는다. 왜냐하면 세계는 나만 홀로 존재하는 곳이 아니라 우리 모두가 함께 공존하는 곳이기 때문이다. 이 세계는 나의 의지다. 신의 의지가 곧 나의 의지다.

나의 의지를 신의 의지와 동일하게 여겼을 때 인간은 비로소 참된 존재로 거듭나게 된다. 인간의 의지로 나를 드러내는 것만으로는 부족하다. 그 의지가 신의 의지로 여겨져야 한다. 그래야만 인간은 불안을 떨쳐낼 수 있다. 신의 의지인 내게는 걱정도, 불안도 없다. 이와 달리 인간의 굴레를 벗어나지 못한 의지는 인생의 방주가 될 수 없으며, 살아가는 내내 불안과 고통은 필연처럼 다가온다.

우리에게는 두 가지 길이 있다. 인생에 대한 극복과 인생에 대한 굴복이다. 숨 쉬는 모든 존재에게 길은 이 두 가지뿐이다.

나보다 비참한 자들이 나를 행복하게 해준다

오늘이 행복했다면 내일은 오늘의 행복이 기억나지 않을 것이다. 어제의 행복으로 오늘을 만족하는 인간은 없기 때문이다.

　사람이 태어나서 죽음에 이르기까지 그 기나긴 시간을 한 단어로 압축해서 표현해야 한다면 나는 사전에서 '고뇌(苦惱)'라는 말을 찾아 밑줄을 긋겠다. 그렇지 않고서는 우리가 이 땅에서 겪어야 되는 고통과 절망을 꺼내서 보여줄 수가 없기 때문이다. '고뇌'가 인생이 아니라면 인간은 왜 아파해야 하는가.
　우리를 지옥의 나락으로 인도하는 환난과 시련이 인생 그 자체가 아니라면 이는 매우 불합리한 처사다. 왜냐하면 시련은 우연이고, 실패도 우연이고, 왕이 되는 자와 그의 지배에 복종하며 평생을 소나 말처럼 주인의 먹을 것을 위해 나의 먹을 것이 허락되는 이 비참한 세월들마저도 어쩌다 '우연'히 그렇게 되었을 뿐이라는 뜻이기 때문이다. 불행은 소수의 사람들을 괴롭히는 예외적 상황이 아니다.

이 거대한 세상이 불행으로 충만하다. 아니, 세계야말로 불행 그 자체다.

사람들은 불행에 대해 논리적으로 접근하려고 하지 않는다. 자신을 괴롭히는 심리적 압박, 불신, 불쾌, 불안, 구역질에서 위협을 느끼고 두려워할 뿐이다. 인간은 상대적인 관찰기법으로 파악했을 때 지구상의 동물들 중 가장 병적이고, 가장 비참한 종족이다. 본능으로부터 가장 멀리 떨어진 짐승이기 때문이다. 그래서 가장 흥미로운 짐승이기도 하다.

이 흥미로운 짐승은 간혹 흥미로운 선택을 하게 되는데, 바로 '의지'다. 삶을 향한 강한 의지, 권태에서 벗어나고자 몸부림치는 수십 년의 세월, 스스로 쟁취한 전리품마저 신(神)이 허락했다는 자의식에 빠져 감사함으로 눈물을 흘리는 자학성, 이 모든 것이 인생의 축복으로 여겨질 때가 있는 것이다. 의지의 작용이다.

강물은 바위 같은 장애물에 부딪히지 않는 한 바다가 나타날 때까지 조용히 흐른다. 인간과 동물의 수명은 강물과 같아서 살고자 하는 의지는 장애물이 나타나지 않는 한 살아있다는 의식조차 갖추지 못하는 습성이 있다. 내가 어디로 가고 있는지, 무엇이 되고자 하는지를 본인 스스로 의식하지 못한다는 뜻이다. 그냥 무상한 세월만 흘러가는 것이다.

그런 인간이 내면에서, 혹은 정신적으로(영혼이라고 말해도 좋다)

'의지'를 깨달을 때가 있다. 살고자 하는 의지가 외부, 또는 내부의 어떤 대상과 충돌하여 파열음을 발생시켰을 때다. 이를 '구속'이라고 한다. 의지를 구속하는 어떤 충돌이 발생했을 때 의지는 비로소 우리 앞에 모습을 나타낸다.

다시 말해 우리는 의지를 가로막는 어떤 존재, 우리를 구속하는 어떤 상황, 현재 모습에서 일탈하고자 하는 욕망, 절대자를 향한 반항에서 '의지'를 확인한다는 뜻이기도 하다. 살아있음을 후회하게 만드는 그릇된 현실과 나를 고통스럽게 만드는 대상의 출현에서 우리가 '살고자 하는 의지'를 확인하게 된다는 모순이다.

건강한 사람은 자신이 건강하다는 것을 체감하지 못한다. 그러나 길가의 돌부리에 발가락이 채여 고통이 밀려올 때면 돌부리에 채이기 전까지 자신의 발에 이상이 없었음을 인식하게 된다. 장사도 이와 비슷해서 뜻대로 돈을 벌어 흥청망청 거릴 때는 동전 몇 개는 잔돈푼으로 거지에게 적선도 하지만, 사업이 망하고 빚에 쪼들리는 처지가 되면 길가에 떨어진 동전 몇 닢이 하루를 살아가는 희망이 되는 것이다.

말하자면 평온한 일상, 안락한 행복은 삶에서 그 비중이 극히 적다. 소극적인 삶의 형태이며 인생에 미치는 영향 또한 매우 소규모다. 반면에 절망과 고뇌는 삶을 적극적으로 변모시킨다. 매일 똑같이 반복되는 하루하루가 분초의 고민과 고통으로 심장을 쥐어짠다.

　고통과 고뇌에서 벗어나기 위해 인간은 자신을 이렇게 만든 세상을 사유하고, 자신이 살아온 길을 더듬게 된다. 눈길조차 보내지 않던 길가의 돌멩이가 나의 엄지발가락을 저리게 만들고, 발을 절뚝거리게 만들고, 가던 길을 멈추게 하고, 결국 약속에 늦게 만드는 특별한 '대상'으로 부각되는 것이다.

　내가 형이상학(形而上學)을 증오하는 이유는 형이상학적 학설이 인간에게 피해를 미치고, 인간을 괴롭게 만드는 '대상'을 무시하고, 피해의식, 또는 고통이라는 인간의 부차적인 감정을 중시하기 때문이다. 인간의 감정에서 궁극적인 해답을 찾아내려고 하기 때문이다. 하지만 인간의 고통은 돌부리에 채였기 때문이고, 사업이 망해서 돈이 없기 때문이다. 즉 구체적인 '대상'이 존재하고 있다.

　인간은 발이 아파서 돌멩이를 쳐다본 게 아니고 배가 고파서 떨어진 동전을 주운 게 아니다. 인간의 삶에는 인간만큼이나 궁극적인 의미를 지닌 '대상'이 포진하고 있다. 그리고 이 '대상'에 의해 인간은 보다 적극적으로 살고자 하는 의지를 드러내기도 하고, 반대로 소극적인 태도로 세월만 허비하기도 한다.

　즐거움, 행복, 만족은 소극적인 감정이다. 이런 감정에는 대상이 없기 때문이다. 대상이 없다기보다는 대상보다도 현재의 감정이 더욱 중요하기 때문이다. 하지만 고통에는 대상이 따른다. 절망에도 대상이 따른다. 고뇌에도 이유가 있다. 다시 말해 '대상'이 있다. 외부와 내부의 충돌, 세계와 나의 충돌이 일어난다. '의지'가 출현할 수밖에 없다. 왜냐하면 그들 '대상'이 나를 절망하게 만들려는 '의지'를 보여주고 있기 때문이다. 행복한 순간이 짧게 느껴지고, 절망의 시간들이 영원할 듯 보이는 까닭이다.

들소의 목을 물어뜯으려는 사자의 의지와 사자의 송곳니에서 벗어나려는 들소의 의지 중 누구의 의지가 더욱 강렬할 것인가. 누군가를 삼키는 쾌감과 누군가에게 삼켜지는 불쾌감의 인식은 어느 쪽이 더 클 것인가. 생각해보면 답은 간단하다.

따라서 불행과 고뇌와 절망에서 가장 빨리 위로받는 방법은 나보다 더 비참한 자들을 찾아내는 것이다. 누구나 쉽게 따라할 수 있는 최선의 방법이기도 하다. 도살자의 눈길이 쫓고 있는 양떼를 생각해보자. 목장에서 유유히 풀을 뜯고 어미 품 안에서 젖을 빠는 새끼가 있다. 도살자의 선택에 의해 그들 중 한 마리는 잔혹한 죽음을 맞이해야 한다. 그리고 나머지 무리들은 살아남았음에 엄청난 희열을 만끽하게 될 것이다.

무미건조한 일상에서 한가로이 풀을 뜯던 평화로운 양떼가 동료의 잔혹한 죽음을 목격하면서 자신의 생애에 감사하고, 앞으로의 삶에 연연하게 되는 정신의 변화가 찾아오는 것이다. 우리도 양떼와 같은

인간은 삶의 활동반경에서 쉬지 않고 적을 발견하고,
적을 상정하고, 적이라는 이름을 붙여 대항한다.
마찬가지로 그들에게 적이 되고자 욕망을 분출한다.
인생은 대상과의 휴전 없는 전쟁이다.
이 전쟁에서 최후까지 살아남는 승리자는 죽음뿐이다.
인간은 그저 무기를 든 채 죽어가는 것이 고작이다.

운명임을 망각해서는 곤란하다. 당신의 오늘이 행복했다면 내일은 오늘의 행복이 기억나지 않을 것이다. 어제의 행복으로 오늘을 만족하는 인간은 없기 때문이다.

하지만 오늘의 재앙으로 당신의 내일은 행복해질 수 있다. 질병, 박해, 몰락, 폭행, 실명, 사랑하는 누군가의 죽음으로 인해 당신의 오늘은 내일의 행복에 필수적인 비교대상이 될 수 있다. 절망으로 가득 찬 당신의 하루가 홀로 도살자에게 끌려간 양 한 마리가 될 수 있다는 이야기다.

인류의 역사를 돌이켜보건대 기록된 역사의 대부분은 전쟁과 반란, 폭압과 갈등이다. 평화는 전쟁과 전쟁 사이에, 반란과 반란 사이에, 독재와 혁명 사이에 잠시 찾아오는 우연한 휴식과 같았다. 연극의 막이 내리고 다음 무대가 준비되는 동안 어릿광대가 보여주는 짧은 막간극에 불과했다.

만약 인류의 역사가 기록된 이래 지금까지 줄곧 세계가 평화로웠다면 각국의 언어가 해석된 사전들에 '평화'라는 단어는 실리지 않게 되었을 것이다.

세계의 축소판인 개인의 삶 또한 끝없는 투쟁이다. 빈곤과 권태와의 투쟁, 질병과 살인과의 투쟁, 무기력과 교만과의 투쟁, 이웃과 국가와의 투쟁이다. 인간은 곳곳에서 나를 가로막는 장애물을 발견할 수 있을 뿐만 아니라 길가에 떨어진 돌멩이를 장애물이라는 대상으로 지정할 수 있는 지적능력을 갖고 있는 유일한 생물이다.

그리하여 인간은 삶의 활동 반경에서 쉬지 않고 적을 발견하고, 적을 상정하고, 적이라는 이름을 붙여 대항한다. 마찬가지로 그들에게 적이 되고자 욕망을 분출한다. 인생은 대상과의 휴전 없는 전쟁이다. 이 전쟁에서 최후까지 살아남는 승리자는 죽음뿐이다. 인간은 그저 무기를 든 채 죽어가는 것이 고작이다.

인생을 배울 수 있다고 착각하지 말라

교육은 우리를 가난한 신분에서 구원해줄 수는 있어도 가난이라는 모순을 우리 삶에서 영원히 추방해내지는 못하는 것이다.

사람이 어린 시절을 추억하는 이유는 뭘까. 왜 그토록 병적으로 유아기는 행복했으며, 부모의 보살핌은 따뜻했고, 가정은 성스러운 위안으로 가득했다고 변명하는 이유는 뭘까. 그것은 유아기에서 청년기에 이르는 약 20여 년의 세월이 의지와 무관했기 때문이다. 외부 사물에 대한 직관적인 인식, 풀어서 설명하면 '나'를 토대로 외부에서 수혈되는 정보와 실체를 판독하고, 납득하고, 그 같은 구조에 자신도 포함되기를 원하는 생각의 습성은 청소년기 인간의 특징이다. 그리고 직관적인 인식은 교육에 의해 얼마든지 보완이 가능하다.

청소년기의 경험은 인간의 두뇌가 활동을 그칠 때까지 소중하게 보관된다. 행동과 사고에 지대한 영향을 미치는 가치판단의 원형으로서 중대한 의미가 있다. 성장과정을 통해 이를 몸소 체험한 기성세대는 자라나는 청소년들에게 그들이 아직 경험으로 인식하지 못한 미지의 개념을 주입하려고 시도한다. 다른 말로 '교육'이라고 표현하는데, 교육의 기본은 가치판단의 강제적 주입이다.

이것은 엄연한 정신계통의 폭력이며, 영속적인 복종을 요구한다는 점에서 오늘날 인간성이 황폐해진 근본원인 중 하나라고 생각한다.

인간에게는 지식과 더불어 지성이 필요하다. 지식이 인식이라면 지성은 의지다. 인식은 객관화를 추구하고 의지는 주관화를 추구한다는 점에서 지식은 수동적이고 지성은 능동적이다. 지식이 알맹이라면 지성은 껍질에 비유할 수 있는데, 껍질 안에서 열매가 익어간다는 것은 농부가 아니더라도 모두가 알고 있는 기초상식이다.

인간의 인식성장 과정을 추적해 보면 먼저 '나'를 인식하고, 그 후에 '나'와 비슷한 타인을 인식하고, 인간이 아닌 '그 외'를 인식하고, '그 외'에서 인간의 삶에 영향력을 행사하는 '사물'을 인식하게 된다. 이 사물에는 법과 질서, 윤리, 정치사상도 포함된다.

이같은 인식은 외부세계와의 갈등에서 빚어지는 정신활동이므로 객관적이지만 지극히 주관적인 시점에서 출발하고, 수동적이지만 먼저 개인의 관심이 발생해야 한다는 점에서 가장 능동적인 태도이기도 하다.

그런데 인식과정에 타인이 개입한다면 어떻게 될까. 개인의 근간이 희석될 위험이 크다. 개인이 타인으로 변질되는 것이다. 타인의 범위는 넓게 보면 인류 전체, 국가, 사회, 지역, 가정까지 범위의 한도가 매우 넓다. 따라서 교육이라는 외부강압은 우리가 일생을 살면서 거의 매순간 다가오는 위험이다.

지식은 도덕과 마찬가지로 외부에서 정한 관습을 그대로 따라가서는 안 된다. 페스탈로치 같은 선구자가 앞장섰듯이 인간 본성이 스스로 발현할 수 있도록 배려하고 기다려줘야 한다.

예를 들면 페스탈로치가 평생을 붙잡고 가르쳐도 백치로 태어난 아이는 현자가 되지 못한다. 백치가 그의 본성이기 때문이다. 이를 강요로 개조한다는 것은 사회평등으로 포장될 수 없는 엄연한 폭력이다. 그러므로 백치로 태어난 인간은 백치로 죽을 수 있게끔 기다려주고, 천재로 태어난 인간은 천재적 재능을 발휘하며 고독하게 죽어가도록 배려해주어야 하는 것이다.

하지만 교육은 기다려주지도, 배려하지도 않는다. 백치도 일정수준 이상의 지적능력을 사회에 보여주어야 하며, 천재는 일정수준 이상의 자기 능력을 함부로 표출해서는 안 된다. 세상에서 합리적이라고 말하는 행동양식 중 인간성이 뒷받침된 활동은 전무한데, 교육이라고 다를 바 없다. 이런 점을 고려해봤을 때 교육의 궁극적인 목표는, 아니 교육의 발생원인은 성장이 아닌 개조에 있다고 의심해보지 않을 수 없다.

인간은 환경에 좌우되는 생물이다. 눈앞에 나타난 사물, 체험, 사람들을 대상으로 추론이 시작되고, 그 과정에서 자연스럽게 인식의 힘을 키우게 된다. 그 중요한 순간에 개조를 목표로 학교와 사회의 개입이 본격적으로 시작된다. 이것은 어떤 말로 포장해도 잔인한 사육에 지나지 않는다.

일생을 자신의 의지로 살아온 사람이 있다. 반대로 일생을 인식의 수행으로 자신을 납득시키며 살아온 사람이 있다. 둘 모두 절망과 불행, 타락과 회개로 평생을 소비했다는 점에서 다를 게 없지만, 죽음의 순간에 한 사람은 후회를 남기지 않고 다른 한 사람은 죽음마저 허무하다고 느끼며 눈을 감는다.

의지뿐인 인생은 야만이다. 그러나 의지는 후회하지 않는다. 인식은 인간이 가장 자랑할 만한 지적활동이지만, 의지라는 토대에서 발생하지 않은 인식은 무조건적인 수용에 불과하다. 그 같은 인식에 '자아'가 깃들 리 없다.

사람이 나이가 들수록 고집불통으로 변하는 까닭은 강제로 수용된 인식보다 개인의 야만적인 의지가 생의 욕구에 보다 부합한다는 것을 깨달았기 때문인지도 모른다. 봄에 온갖 나뭇가지에서 똑같이 초록색 이파리가 나온다고 해서 인간도 그러리라는 보장은 없다.

　적어도 마흔 살까지는 교육에서 소외되어야 한다. 실제로 은둔한 현자 중에는 마흔 살 이후에 발견된 경우가 많다. 인간의 나이 듦을 겉모습에서 확인하는 것처럼 불행한 일은 없다. 사회적 위치, 희끗희끗한 머리, 자녀의 수, 사는 동네로 그의 나이를 짐작할 수 있다는 것은 개인적으로 너무나 슬픈 일이다.

　인생은 옷감과 같아서 처음에는 그 위에 수놓인 무늬를 보고 가격을 흥정하지만, 막상 입고 다니다보면 내 몸에 맞는 옷인지가 더 중요하다. 내 몸에 맞지 않는 화려한 무늬의 겉옷은 비싼 값을 주고 산만큼 쉽게 내다버리지는 못하는 대신 서랍에 넣고 보관만 할 뿐이다. 마치 이 시대의 훌륭한 교육의 수혜자들이 그들 자신의 생애에 별다른 발전과 만족을 가져오지 못하는 것과 같다.

　비록 바늘자국과 꿰맨 흔적이 도드라지더라도 그것이야말로 살아온 증거가 된다. 옷감의 매듭이 자꾸 풀린다는 것은 그만큼 자주 입고 뭔가를 실천했다는 증명이기 때문이다. 서랍 안에 곱게 개어놓은 비싼 코트가 눈보라를 막아주지는 못한다. 교육은 우리를 가난한 신분에서 구원해줄 수는 있어도 가난이라는 모순을 우리 삶에서 영원히 추방해내지는 못하는 것이다.

신은 인생의 비상구들 중 하나

> 모든 영웅은 자신의 부채를 명확하게 인식하고 있다. 빚에 쪼들린 그들의 각박한 삶이 그들을 무모하게 만들고, 비상식적으로 만들고, 그 결과 운 좋게도 영웅이 탄생하는 구조다.

영국을 여행하고 돌아오는 여정에서 나의 양심은 나 자신이 처참하다는 것, 어쩔 수 없이 인간이라는 것, 나약하다는 것, 상처가 두려워 괴로워하지 않는다는 것, 겁쟁이이며, 타인에게, 예를 들어 호텔의 직원들에게 나쁜 인상을 주지 않으려고 그들을 두려워한다는 것, 그리고 타인의 눈을 의식하며 곁눈질로 젊은 여자들을 훔쳐보았음을 알려주었다.

다른 비난은 그럭저럭 참아낼 수 있다. 그러나 내가 겁쟁이라는 비난은 도저히 참을 수가 없다. 그 비난의 정당성이 너무나 확고하기 때문이다. 겁쟁이의 배후에는 동정심이 없다.

현재 내가 경험하고 있는 치욕이 나의 외적인 패배를 진리로 받아들이게 한다. 나의 자존심과 허영이 상처받고 있다. 이 상처가 너무나도 깊게 나의 삶 속으로 파고들고 있다.

교회도 나를 겁쟁이라고 부른다. 하지만 그들이 믿고 있는 가르침으로 나를 일깨우지는 못한다. 성서에 기록된 가르침 중 나와 연관이 있는 구절은 단 한 줄도 없다. 내게 성서란 다른 문서들과 마찬가지로 우연히 접하게 된 종잇조각에 불과하다.

다른 사람은 몰라도 나라면 성서에 대해 이런 말을 하는 것이 가능하다. 만일 내가 성서의 가르침을 믿게 된다면 그것은 성서 이외의 가르침이 내게 전해지지 않았기 때문이다.

여러 가지 가르침 중 나의 자유의지로 성서를 택하는 일은 절대로 발생하지 않는다. 나는 그 사실을 명백하게 밝힐 필요가 있다. 내가 지금 하는 말은 윤리적인 가르침에 국한되지 않는다.

만일 내가 부활과 심판을 믿게 된다면 누군가의 명령에 의해서가 아니다. 오직 나의 양심과 의지에 의해 그 판결을 인정하게 될 뿐이다. 내게 영향을 행사할 수 있는 권리는 오직 나의 양심과 의지에게만 주어졌다. 따라서 내가 믿지 않는 이유도 나의 양심과 이를 실천하고자 욕망하는 의지 때문이다.

나를 비난하고 싶다면 나의 양심을 비난해야 하며, 나의 양심은 언제든 비난받을 각오가 되어 있다. 나의 양심이(부활과 심판이 존재한다는 가정에서) 믿어야 한다고 명령한다면, 나는 그의 음성을 내 의지로써 따를 것이다. 물론 나의 비열한 본성은 그 같은 명령을 어떻게든 거부하려고 획책할 것이다.

현재의 내가 미처 떠올리지 못한 방법으로 신앙을 거세해버릴지도 모른다. 나의 경우 양심과 의지는 의미의 동격이다. 그래서 나는 다음과 같이 선포하고자 한다.

우선 나는 신앙에 대해 아무것도 모른다. 아무것도 모르는 나의 상태를 인식하는 활동이 신앙이라고 믿는다. 신앙은 아무것도 모르는 마음의 상태이며, 양심이나 의지와는 개연성이 없는 마음의 상태라고 믿는다.

나는 지금 양심에 대해 말하고 있다. 그러나 나의 양심은 신앙과 관련된 어떤 논쟁도 인정하지 않는다. 왜냐하면 나의 양심은 나에 대해 거짓말을 할 수 없기 때문이다. 나라는 인간은 신앙을 이해하지 못한다. 설교가 신앙의 전제조건이 될 수는 있어도 설교를 통해 신앙이 움직이지는 않는 것과 마찬가지다.

신앙이 인간의 말에 있다면 말을 제외한 여러 가지 활동들도 신앙과 연결되어 있을 것이다. 신앙은 분명 믿음에서 출발한다. 그러나 믿음이 신앙은 아니다. 단지 믿음에서 출발할 뿐이다.

나는 아무것도 믿지 않는다. 따라서 신앙은 그 시작조차 불가능하다. 내가 가장 믿고 의지하는 것은 인간의 의지가 일군 언어들이다.

그러나 언어는 신앙이 될 수 없다. 신앙은 언어로부터 발생하는 관념이 아니기 때문이다.

잉크와 종이에 흥미를 갖게 되는 계기가 사람마다 다르듯이 나 또한 타인과 조금 다른 각도에서 인생을 바라볼 수 있게 되지 않을까? 편지를 읽을 때는 잉크와 종이에 관심을 기울이지 않는다. 편지는 잉크와 종이를 통해 구현된다. 그러나 편지를 읽는 행위에서 잉크와 종이란 목적을 위한 수단일 뿐이다. 목적을 위해 매우 중요한 수단일 뿐이다. 편지라는 목적이 있기에 잉크와 종이에도 관심을 기울이게 된다. 편지라는 목적이 없었다면 잉크와 종이에 관심을 갖는 사람은 없었을 것이다.

흥미는 탐구로 이어진다. 그러나 이같은 탐구로는 아무것도 밝혀내지 못한다. 우리는 어떤 대상에 흥미를 갖고 있기 때문에 탐구를 계획하게 되고, 그 탐구의 결과를 목적과 연관 짓고 추리하게 되는 것이다. 우리의 흥미가 탐구의 성패를 좌우한다.

목적의 결과는 목적의 숭고함에 달려 있다. 그러므로 나는 언제나 숭고한 대상만을 탐구한다. 나의 철학적 목적이 숭고하기 때문이다. 불확실한 목적은 파괴적인 결과만을 초래한다. 나는 경험을 통해 그 사실을 알게 되었다.

여행 도중에 그 동안 깨닫지 못했던 나의 특징을 몇 가지 발견했다. 나는 인간들, 즉 타인을 평가할 때 외모와 태도를 매우 중시한다. 그들의 외모와 태도에서 특별한 인상이 전해지지 않을 때면 나는 그들을 나보다 열등한 인종으로 평가한다. 타인을 평가하는 나의 기준은 외모와 태도, 다시 말해 눈에 보이는 부분들이다. 물리적인 시각을 통해 '그는 평범하다', '그는 대중적이다' 라고 사람을 판단한다.

그러나 지금까지 내 입을 통해 이같은 판단기준이 발설된 적은 한 번도 없다. 그들을 바라보는 나의 눈빛이 그렇게 이야기했을 뿐이다. 나의 눈빛은 어떤 경우에도 거짓말을 하지 않는 나의 유일한 신체부위다. 나의 눈빛에는 감정과 판단과 결말이 공존한다.

이같은 근거가 한 개인을 판단하는 데 매우 부당하다는 것도 알고 있다. 왜냐하면 최초의 '평범하다' 라는 판단 이후에도 그 대상과 인격적으로 친밀해져 '그는 특별하다' 라는 의견으로 바뀌기 때문이다. 한마디로 정의해서 외부를 바라보는 나의 시선은 매우 피상적이다.

나 자신을 판단하는 그 눈으로 외부세계를 분별할 수 있다면 좋겠는데, 현재로서는 이 또한 쉽지 않다. 최대한 빨리 수정해야 할 점은 나 자신을 특별하게 생각하는 허영이다. 모든 사람을 나와 비교한다. 나보다 열등하다고 생각되면 가차 없이 '평범' 이라는 꼬리표를 붙여 버린다. 그런데 정작 다른 사람들은 나의 비범함을 제대로 인정하지 않고 있다.

인간의 탐구가 언어와 글로 이루어지는 것이라면 인간의 언어는 좀 더 난해해질 필요가 있다. 좀 더 이상적인 의미에서 언어와 글이 다뤄져야 한다. '표상'에 대한 고찰은 바라보는 것에서 시작한다. 우리가 바라본 것들을 말로 옮길 수 있어야 한다. 그러기 위해서는 보다 순수하고, 명석하고, 가식적이지 않은 언어가 필요하다.

영웅이 아닌 인간은 그 자체로 취약하다. 자신의 나약함을 감추기 위해, 다른 존재의 부속물로 전락하지 않기 위해, 인간은 영웅을 연기한다. 모든 영웅은 자신의 부채를 명확하게 인식하고 있다. 빚에 쪼들린 그들의 각박한 삶이 그들을 무모하게 만들고, 비상식적으로 만들고, 그 결과 운 좋게도 영웅이 탄생하는 구조다.

용기가 없다는 것은 부끄러운 행태다. 나는 용기가 없다. 그래서 겸허해질 수밖에 없다. 나의 입술에 담긴 몇 개의 언어로 나를 표현할 뿐이다. 하찮은 인간의 말로 내 생애를 정의할 뿐이다.

이상을 꿈꾸는 것은 인간으로서 정당한 행위다. 그러나 이 세상을 살아가는 사람들 중 자신의 이상을 연출하고자 시도하는 사람이 몇 명이나 될까? 그 이상을 자신의 삶에서 격리시키고, 이상을 이상으로서 바라보는 것처럼 난해한 목표가 어디에 있을까? 도대체 이것이 가당키나 한 꿈인가? 선한 인간이 가능할까? 정신이상자들이나 선해질 수 있다.

인간은 이기적이고, 이기적이기 때문에 인간으로서 도태를 면할 수 있었다. 따라서 이기심을 억제하고 타인에게 선행을 베푸는 행위는 인간으로서의 자아를 포기했다는 뜻이다. 만약 인간이 어떤 존재인지를 이해하고 있다면 인간에 대해 다음과 같이 정의하게 될 것이다.

인간은 만물 앞에서 자신을 강탈당하든지, 자기 앞에서 만물을 파괴하든지 둘 중 하나만 선택해야 하는 존재다. 신의 은총에 인생을 던지고 싶지는 않다. 신은 이 세계의 수많은 출구 중 하나일 뿐이다.

4부

타인의 인생을
쳐다보는 동안 인생의
4분의 3이 흘러갔다

사회, 혹은 들개의 사냥터

우리가 용기의 이름을 부르지 않더라도 용기는 자신의 날에 스스로 일어날 것이다. 한 사람의 용기가 위대한 이유는 그의 용기가 다른 사람의 용기도 깨우기 때문이다.

국가가 자행하는 부정과 박해와 굴욕이 국민을 더욱 강하게 만든다. 부강한 국가가 국민의 행복은 아니듯 강력한 국가가 국민의 힘은 아니다. 국가와 국민의 갈등은 여기에서 시작된다.

국민이 강한 나라는 강하다. 국민이 부유한 나라는 부강하다. 하지만 이와 반대로 국가의 강력함은 국민을 옥죄고 착취하는 데 유용하게 쓰인다. 국가의 부유함은 부유한 국민의 자발적인 참여에 의존하기보다는 빼앗고 착취하는 데서 시작되는 경우가 더 많다. 그래서 국민은 국가를 신뢰하지 못하고 국가는 국민들을 불안 요소로 다룬다.

국가는 국민을 설득하는 것보다 강제로 억압하는 데 열을 올리고, 국민의 의견을 통합하기보다는 분열시키고 이간질하는 데 더 능숙한 재능을 발휘한다. 오늘날 사람들의 마음이 편협해지고, 내 한 몸과 내 가족만 편하게 살면 된다는 이기심이 당연하다는 듯 통용되기까지 국가의 공로가 가장 컸다고 할 수 있다.

국가는 경제가 발전하고 산업이 일어나면 국민의 소득이 향상되어 이전보다 더 풍족해진다고 말한다. 경제발전이 빈부격차를 해소하고 모든 이에게 공평한 수입으로 돌아간다는 청사진만 남발하는 것이다.

하지만 경제가 발전한 결과로써 국민은 더욱 이기적으로 변모했다. 가진 자는 더 많은 것을 가지려고 눈에 불을 켜고, 못 가진 자는 가진 것이라도 빼앗길까봐 난폭해진다.

계층과 계층이 분열되고, 세대 간의 의사소통은 오래 전부터 단절되었다. 한 국가 안에 여러 개의 국가가 동시에 존재하는 상황이 발생하게 된 것이다. 부자들의 나라, 가난한 자들의 나라, 늙은이들의 나라, 젊은이들의 나라가 쉴 새 없이 충돌하고 비난하고 전쟁을 준비한다.

이를 관리해야 할 국가는 한 발 더 나아가 능력이 없어서 못 가진 것이고 힘이 없어서 빼앗겼으니 부당하게 생각하지 말라며 법과 공권력으로 사람들을 위협한다. 이 나라가 더욱 걱정스러운 까닭은 자라나는 젊은 세대들이다. 그들의 이기적 경향은 이미 도를 지나쳤다. 자기보다 못한 사람들을 동정하고 이해하기는커녕 빈부의 격차는 당연한 것 아니냐는 반응이 지배적이다. 젊은 세대가 추구하는 보람 있는 삶은 인간적인 면을 상실한 권력자로서의 아집과 횡포다.

젊은 세대는 태어나면서부터 냉혹한 경쟁에서 살아남는 법을 배운 것 같다. 삶의 전쟁이라도 한 듯이 승리자는 모든 것을 소유하고 패배자는 도태시켜버린다. 그런 세대에게 미래를 맡겨야 한다는 것이 불안하기만 하다. 그런 세대가 만들어갈 미래가 두렵기만 하다. 국가도 즐거워할 때만은 아니다.

이들 젊은 세대가 사회의 주축으로 성장하면 우리 세대처럼 국가가 무엇을 시키든 고분고분 따르지는 않을 것이다. 벌써부터 미래의 혼돈이 보이는 것 같다. 미래는 국가와 국가의 전쟁이 아닌, 국가와 국민의 전쟁으로 뒤덮이게 될 것이 분명하다.

내가 서 있는 이곳이 과연 인간들의 세계인가, 혹은 들개들의 사냥터인가, 혼란스러울 때가 많다. 인간의 탈을 쓰고 군침을 흘리는, 그 핏발 선 맹수의 본능을 감추지 못하는 들개들과 함께 살아가느니 차라리 한 그루 나무 곁에서 생을 마감할 수 있었으면 좋겠다.

약한 자의 숨통을 끊어놓아야 안심이 되는 먹이사슬에 포함되느니 한적한 시골로 내려가 남은 인생을 조용히 정리하는 편 낫겠다는 생각이 든다.

그러나 이것은 용기가 아니다. 도피는 용기가 아니다. 총칼로 무장한 권력집단에 굴복하느니 내가 가진 모든 것들을 버리고 동굴에 유리되겠다는 선각자적인 회피는 진정한 용기가 아니다. 도피가 용기라면 자살을 결심한 사람만큼 용감한 자는 없을 것이다.

    자살을 결심한 사람은 두려움을 모른다. 자살을 결심한 사람은 거리낌 없이 다리 위로 올라가고, 건물 꼭대기를 정원처럼 서성이고, 극약도 냉수와 함께 삼켜버린다. 몸에 석유를 뿌린 채 화로 속으로 뛰어들기도 하고, 총알이 비처럼 쏟아지는 전쟁터를 유유히 걸어 다닐 수도 있다. 그는 삶을 거부했기에, 삶으로부터 도피하는 것이 삶의 목적이기에, 죽음과 관계된 그 어떤 일도 두려워하지 않는다.
    하지만 우리는 자살을 결심한 사람들을 용감하다고 말하지는 않는다. 그는 삶이 두려워 죽음을 선택한 것이기 때문이다. 죽음이 두려워 삶을 선택한 우리들도 마찬가지다. 죽음이 두려워 삶을 선택한 우리들도 용기가 없기는 자살을 선택한 자들과 다를 바 없다.
    용감한 도피는 좌절과 허무에서 비롯된다. 시대의 권력을 버리고 시골로 내려가는 것은 권력 앞에 무릎을 꿇는 것이 두려워서다. 어떤 사람은 때를 기다리는 것이라고 말한다. 적당한 시기가 올 때까지 물러서는 것뿐이라고 말한다. 도피가 아니라고 한다.
    그러나 기다림 또한 피동적이기는 마찬가지다. 적당한 시기는 내가 만드는 것이다. 지금이 적당한 그때인지, 아니면 좀 더 기다려야 하는지를 결정하는 것은 시대가 아닌 나 자신이다.

오늘날처럼 집단적인 용기가 결여된 시대도 드물 것이다. 사람들은 서로 반문한다. 조직화된 사회에서 너의 개인적인 용기가 무슨 소용이 있느냐고, 너의 용기가 이 세상에 어떤 작용을 일으킬 수 있느냐고, 이 한 목숨 잘 간수하는 것이 너의 용기라고….

그렇게 우리는 용기를 상실했다. 상실한 것이 아니라면 감추고 있는 것이다. 우리는 태어나던 날 각자의 품에 용기의 씨앗을 뿌렸다. 우리가 그것을 의식하고 있든, 모르고 지나쳤든 우리의 운명은 우리 품에 뿌려놓았던 씨앗을 키웠다. 출세와 명예만을 도모하지 말고 천천히, 그리고 조금씩 욕망을 덜어내고 우리의 삶에 충실해진다면 용기는 저절로 솟아날 것이다.

우리가 용기의 이름을 부르지 않더라도 용기는 자신의 날에 스스로 일어날 것이다. 한 사람의 용기가 위대한 이유는 그의 용기가 다른 사람의 용기도 깨우기 때문이다. 십자가를 두려워하지 않았던 그리스도의 용기가 무지한 자들에게 죽음을 두려워하지 않는 용기를 주었듯이 나의 용기가 이 시대를 구원할 수도 있다.

운명은 우리가 그리스도를 닮아야 한다고 말한다. 우리에게도 십자가를 두려워하지 않는 용기가 있다고 말한다. 지금이야말로 나의 용기가 필요한 때라고 말한다. 내가 서 있는 이곳이 나의 용기를 필요로 하는 그곳이다. 우리가 깨달아야 할 또 하나의 의무다.

우리가 용기의 이름을 부르지 않더라도
용기는 자신의 날에 스스로 일어날 것이다.
한 사람의 용기가 위대한 이유는
그의 용기가 다른 사람의 용기도 깨우기 때문이다.
십자가를 두려워하지 않았던 그리스도의 용기가
무지한 자들에게 죽음을 두려워하지 않는 용기를 주었듯이
나의 용기가 이 시대를 구원할 수도 있다.

인권은 범죄자의 도피처다

개인이 자초한 불행이든, 환경에서 비롯된 불행이든 고통 받는 소수의 나약한 세대에게 현재와 미래에 대한 최소한의 기대를 베푸는 것은 국가사회의 의무가 아닌 건강한 다수의 의무다.

　　인류문명의 발달을 한 마디로 축약하자면 인권의 신장이다. 인권이란 말 그대로 인간의 권리인데, 인간의 가장 중대한 권리는 자신이 겪고 싶지 않은 일을 타인에게 강요하지 않는 것이며, 자신이 기뻐하는 일을 실행에 옮길 수 있는 선택의 자유다. 인권유린이 당연시 여겨지던 시절에는 범죄에 대한 정화의 기능으로 사형제가 보편화되었다.

　　그러나 문화와 정치라는 문명의 구조가 발전하면서 범죄자에 대한 사회적 시각이 사형이라는 극단적인 처방보다는 사회와의 격리를 통한 범죄자의 계도에 초점이 맞춰지게 되었다. 그 결과 많은 시설과 비용을 동원하여 감옥을 세웠다. 그런 의미에서 교도소는 인류문명의 발달을 혁신적으로 드러낸 모범 사례라고 할 수 있을 것이다.

하지만 인류가 진정으로 문명권에 진입했다고 자부하기 위해서는 이들 범죄자에 대한 인권만을 기억해서는 안 된다. 선천적인 육체의 병약함으로 힘겹게 살아가는 이들에 대해서도 사회적 의무를 인식하고 포용하려는 세부적인 법률과 사회기반이 마련되어야 한다.

이것이 현실적으로 불가능하다면 최소한 조세의 의무에서 해방시켜주거나, 사회적 부담의 짐을 덜어주거나, 국가사회적인 중압을 부과하지 않는 조치가 실행되어야 할 것이다.

범죄자를 위한 사회의 헌신은 공짜가 아니다. 하나에서 열까지 선량한 시민들의 세금에 의해 이뤄지고 있다. 선량한 시민들의 삶을 위협했던 범죄자들을 위해 선량한 시민들의 세금이 쓰이고 있는 것이다.

범죄자를 위한 이같은 사회적 실천이 나쁘다는 뜻은 아니다. 범죄자를 위해서도 이처럼 많은 것을 실천하는 사회가 아무 죄도 없는, 그러나 선천적인 불행으로 괴로워하는 장애인과 고아에 대해서는 사실상 아무런 혜택도 제공하지 않고 있다는 점을 지적하고자 하는 것이다.

의사, 간호사, 목사는 정상인이 아닌 심신이 상처받은 자들을 위해 존재하는 직종이다. 다시 말해 이들은 의식주와 자녀의 교육과 부모를 봉양하는 데 필요한 모든 것들을 얻는 대가로 정상범주에서 이탈

한 자들을 보듬고 치유할 의무가 발생하지만, 현실을 목격하건대 오직 의료비와 헌금을 지출할 능력이 되는 일부계층을 상대하기 위한 사업확충에만 몰두하고 있다. 이는 분명 잘못이다.

의사와 간호사와 목사가 의술과 간호와 신앙을 통해 피폐해진 이웃의 삶을 치유함으로써 보람을 느끼지 못하고, 봉사의 금전적 대가를 추구한다면 이것은 용서할 수 없는 죄악이다. 그리고 보다 근본적인 문제는 의료와 신앙에 소모되는 비용과 고통을 약한 자들에게 떠맡기는 사회의 안일함이다.

사회에 해악을 끼친 범죄자를 위한 교화시설과 그에 소비되는 비용은 당연하다고 여기면서도 선의의 구성원이 당하는 고통에 대해서는 아무런 책임감도 느끼지 못한다면 그 사회는 회복되기 힘든 질병에 오염된 거대한 병원이다.

개인이 자초한 불행이든, 환경에서 비롯된 불행이든 고통 받는 소수의 나약한 세대에게 현재와 미래에 대한 최소한의 기대를 베푸는 것은 국가사회의 의무가 아닌 건강한 다수의 의무다. 희망을 잃은 사람들은 인생을 포기하는 것으로 그치지 않고 흉악한 사상과 선동에 쉽게 빠져드는 경향이 있다. 이는 개인의 고통이 사회의 고통으로 얼마든지 발전할 수 있다는 위험요소다.

특히 청년기의 불행은 그의 남은 인생을 고뇌와 비애로 점철시켜 어린 나이에 자학으로부터 위안을 찾는 범죄의 길에 들어서게 만들

수 있다. 남보다 공명심이 강하고 선천적으로 총명한 기질을 타고난 사람일수록 청년기의 불행과 사회적 방관에 의한 소외감은 평생토록 따라다니며 그의 의식체계가 선별하는 확고한 기준이 되곤 한다.

이런 사람들은 불우한 환경이라는 고통뿐 아니라 자신이 불행해지기까지의 과정에 대한 피해망상까지 더해져 이중삼중의 분노와 복수를 다짐하게 된다. 단순히 육체적 불행으로 끝나는 것이 아니라 마음과 영혼을 병들게 하므로 시간이 지날수록 회복하기 어려워진다.

소외된 소수에 대한 동정은 발을 겹질린 환자에게 깁스를 감아주는 행위와 동일하다. 수술을 통해 눈에 보이는 상처를 치유해주되 그 베풂이 간섭과 굴종의 계기가 되어서는 곤란하다. 깁스가 풀릴 때까지 기다리듯 그들 스스로 인생은 정도의 차이가 다를 뿐 고난과 고뇌의 연속이며, 태어난 이상 고통스러운 게 당연하다는 깨우침이 있을 때까지 지켜봐주는 것으로 충분하다.

오늘날의 사회정의와 실천을 고려했을 때, 불우한 소수는 불행의 근본원인을 자기 자신으로 규정하려는 태도가 강하다. 따라서 사회의 지나친 관심은 그들의 고뇌를 더욱 심각하게 만들 수 있다. 고된 환경과 싸우는 육체적, 정신적 환자일지라도 정상인과 다름없이 사회의 구성원 중 한 명이라는 자긍심을 가질 수 있게끔 마음을 안정시키는 것이 중요하다.

불행은 그 누구도 피해가지 못한다. 그러므로 뜻하지 않게 질병을 얻었다거나, 장애를 안고 태어났다거나, 갑작스레 불운이 뒤따르더라도 놀라면 안 된다. 수치스럽게 여겨서도 안 된다. 생명이 지속되는 한, 언젠가는 육신에 병마가 찾아오고, 우리의 이상은 늦가을 낙엽처럼 힘없이 땅에 떨어지기 마련이다. 우리가 할 수 있는 것은 마음의 다스리며 고통이 찾아오기를 기다리는 것뿐이다.

이런 마음자세로 첫째는 불행이 닥칠만한 상황을 피하고, 둘째로는 최악의 불행이 닥쳤을 때 어떻게 대처할지를 계획해두어야 한다. 불행을 닥칠만한 상황을 피한다는 것은 자신의 신체와 정신, 환경이 늘 건전한 상태를 유지하도록 힘을 기울인다는 의미인데, 나 한 사람의 깨달음과 준비만으로는 부족하다.

가족과 친구, 다시 말해 일상생활에서 자주 접촉하는 사람들이 나만큼 건강한 상태를 유지할 수 있도록 돌보고 관심을 가져주는 이타심(利他心)이 발휘되어야 한다. 혼자 건강해서는 소용없다. 주위의 누군가가 불행과 고뇌라는 전염병을 보유하고 있다면 머잖아 근처의 모든 사람이 불행해진다. 더불어 산다는 것은 모두의 행복이 아니다. 내 주위의 누군가가 고통 받지 않는다면 그것으로 충분하다.

사회의 진보는 착취의 가면

> 더럽고 부끄러운 업종에 종사하고 있어도 수치는 아니다. 인간의 수치는 할 일 없이 빈둥거리며 사람들 앞에서 거들먹거리는 저 뻔뻔스런 부자들의 삶이다.

    사회적 신분과 보유한 재산이 존경받을 만한 업적으로 치부되고 있다. 계급과 부(富)는 존경의 대상이 아니다. 그가 지금 하고 있는 일에 의해 존경과 멸시를 판단해야 한다. 그가 하는 일이 많은 사람들을 유익하게 해주고 있다면 그는 존경받을 만한 인물이다. 하지만 세상은 이와 반대로 치닫고 있다. 생산이라는 의무에서 자기 자신만을 해방시킨 부자들을 존경하고, 우리의 생활을 존속시켜주는 농민과 노동자의 수고는 천시한다.

    가진 자들이 머릿속에는 노동자들에게 더 많은 노동을 전가시키는 계획밖에 들어있지 않다. 국가는 노동자의 생활을 부유하게 만들어주기 위해서는 어쩔 수 없다고 말하는데, 결과적으로 노동의 대가는 국가와 소수의 정치가와 기업가의 몫으로 떨어지고, 노동자에게는 힘든 과정만이 남겨진다.

우리 시대는 여전히 다수의 노예와 소수의 지배자로 종족이 구별되고 있다. 노예제도는 서구사회의 기반을 조성한 플라톤과 아리스토텔레스의 인간적 도덕감성에 위배되는 개념이다. 하지만 플라톤과 아리스토텔레스는 노예제도의 비인간성을 지적하지 않았다. 왜 그랬을까? 노예제도를 부정하게 되면 그들이 누리는 자유로운 지성의 생활이 윤택해지지 못하기 때문이다. 노예의 복종 없이는 그들의 지적인 삶이 무너졌기 때문이다.

노예제도는 일부 권력자들이 노동으로부터 자신을 해방시키고자 폭력과 술수를 동원해 타인에게 자신의 몫을 떠넘긴 데서 시작되었다.

노약자와 병자를 대신해 타인이 감당해야 할 노동의 몫을 맡아주는 것이라면 모를까 편파적인 위계와 선대로부터 물려받은 가문의 문장을 앞세워 그가 감당해야 할 노동의 몫을 힘없고 가난하고 병든 타인에게 떠넘기는 것은 인류의 보편적 윤리잣대로 판단했을 때 중범죄에 해당한다. 따라서 사회구성원에게 일률적으로 노동의 양이 분배되지 않는 사회는 노예제라고 불러야 할 것이다.

국가가 전면에 나서서 세금과 의무라는 명분으로 다수의 노동력을 착취하고, 노동의 결과물을 앞서서 가져가는 유럽 각국은 정치적으로 진보했다고 자신하는 그들의 위선과 달리 여전히 전근대적인 탄압을 일삼는 노예제 국가다. 이들 국가에는 타인의 노동을 착취하는 것이 그들의 우수성을 증명하는 사회적 성취라고 착각하는 인간들이 많다. 그리고 한편에서는 그들의 착취에 순순히 응하는 것이 국민의 의무이며 국가의 존속에 필요한 행위라고 믿는 다수가 존재한다.

더럽고 부끄러운 업종에 종사하고 있어도 수치는 아니다. 인간의 수치는 할 일 없이 빈둥거리며 사람들 앞에서 거들먹거리는 저 뻔뻔스런 부자들의 삶이다. 부자는 호화로운 저택과 마차, 값비싼 음식재료들로 우리를 속이려 든다. 이렇게라도 자신들을 포장하지 않으면 세상 사람들의 경멸을 받게 된다는 것을 알고 있기 때문이다.

부자의 이같은 자기기만은 문명사회가 안고 있는 폐단 중 하나인데, 이보다 더 세상을 암울하게 만드는 폐단이 있다. 가난한 자들의 질투다. 부자를 비난하는 분노한 표정 뒤에서 자신보다 더 가난하고 힘든 사람들을 한 번 더 착취하려는 가난한 민중의 집단폭력은 사회라는 공동체의 존립을 뒤흔드는 위협이 될 것이다.

동정과 베풂은 재앙의 시작이다

세계가 위인과 영웅을 숭배하도록 강요하는 것도
더 많은 희생을 탐닉하고 싶다는 욕망 때문이며,
우리가 위인과 영웅에게 보여줄 수 있는 것은 숭배
가 아닌 연민이어야 하는 이유이기도 하다.

청춘의 꿈에서 깨어난 자들은 모두 인정하게 될 것이다. 경험과 성찰은 과거와 미래의 동의어이며, 지금 이 순간은 역사가 되고, 이성은 결국 선입관이었으며, 세계는 우연과 미혹의 천국으로 우리에게 온정을 베풀기보다는 탐욕과 몰이해로 우리의 세월들을 조금씩 앗아가는 데 열의를 보인다.

세계는 우리에게 온정을 베풀어주는 곳이 아니다. 우리를 지배하는 것만으로는 부족해서 무지와 죄악을 배포하고, 아둔한 동조자를 섭외해 우리의 등 뒤로 채찍을 날린다. 인간이라는 종족에서 선한 자가 태어나면 그의 인생은 숨이 끊어지는 날까지 어둠에 잠긴다. 그의 천성에 각인된 고귀한 영감(靈感)은 씨를 뿌려보기도 전에 토지를 압

수당하고, 그의 부모는 저주받은 짐승을 쳐다보듯 온갖 패역한 욕설과 저주를 성장기 내내 수분을 공급하듯 수시로 제공한다.

그럼에도 불구하고 선한 자는 난관을 만날 때마다 자기 안에 응축된 선함을 발견하게 되고, 철학의 불합리한 오류, 비굴한 야망, 저속한 예술을 용감하게 지적한다. 그때마다 세계는 무지와 죄악에 길들여진 대중을 선동하여 우리의 선한 자를 탄압하고, 그들의 대표적인 무기인 '졸렬함'으로 그가 잠들 때까지 질투의 시선으로 노려본다.

선한 자의 생활은 가난과 간계와 사악한 시험에 지쳐 조금씩 저항의 칼을 거두기 시작하고, 세계는 마침내 그의 삶에서 활개를 친다. 이것이 역사상 위대했던 예술과 사상에 드리워졌던 그림자다. 그런 의미에서 우리의 시대를 위로해주는 아름다운 음악과 청춘의 가슴을 먹먹하게 만드는 연시(戀詩)는 살인과 강간, 강도가 직업인 아버지에게서 순교자의 길을 걷게 될 성인(聖人)이 태어난 것과 같다.

개인의 삶은 세계 앞에서 패배할 수밖에 없다. 그러므로 우리가 배운 역사는 패배자의 기록에 지나지 않는다. 육체가 죽어 땅에 묻힌 모든 인간은 세계가 선사하는 재앙과 실패를 맛봤으며, 후세에까지 이름을 떨친 위인과 영웅은 타인의 상처를 세계에 제공하고 홀로 살아남은 비겁한 자들이었다. 세계가 위인과 영웅을 숭배하도록 강요하는 것도 더 많은 희생을 탐닉하고 싶다는 욕망 때문이며, 우리가 위인과 영웅에게 보여줄 수 있는 것은 숭배가 아닌 연민이어야 하는 이유이기도 하다.

우리는 밤마다 침대에 눕기 전에 선한 자들이 겪었던 재앙을 상기해야 한다. 누군가로부터 동정을 구하고, 세계로부터 위안을 구한다면 그때가 바로 재앙의 시작이 된다는 것을 한시도 잊어서는 안 된다. 우리의 정신이 굴복하는 날, 세계는 악마처럼 미소 지으며 우리의 등에 얹어진 작은 절망의 봇짐을 끌어내리고, 대신 종말과 질병과 추악과 탐욕과 야만스런 목소리와 뻔뻔한 얼굴을 선사할 것이다.

청춘의 꿈에서 깨어난 자들이 재생을 구하지 않는 것도, 진심으로 허무를 바라는 것도 이 세계의 본성을 경험으로 체험했기 때문이다. 세계의 본성은 가학이다. 세계 안에서 진행되는 우리의 생존이 고역인 까닭이다. 생존은 기쁨을 향해 달음박질치지 않는다. 이것은 갚아야 할 의무이며 과업이다.

날마다 눈을 떴을 때 온갖 불행과 마주하게 되는 것이 당연하다. 크고 작은 불행, 일상적인 불행, 끝없는 불행, 단발적인 불행이 동시에, 때로는 순서대로 우리의 아침을 깨운다. 극도의 긴장이 우리를 짓누르고 수많은 사람들이 각자의 불안을 안고 협력한다. 그러나 속내는 공공의 복리가 아닌 개인의 이익을 위해 모인 것이다. 그들이 말하는 공공의 복리로 인해 하루에도 수만 명이 착취당하고, 희생당하고, 세계 밖으로 쫓겨나고 있다.

세계에 굴종을 선택한 몇몇 인간들에 의해 당치도 않은 선입관이 공동의 목표로 제시되어 그 길만 따라가면 이 고단한 삶에서 회복되리라는 망상을 심어주고, 정체(停滯)라는 기득권을 위해 교활한 전략에 속아 넘어간 무고한 시민들이 싸움터로 달려간다.

그리하여 우리는 그들의 배를 채우기 위해 망령된 상상을 희망이라 부르고, 착취된 지성을 청춘이라 부르며 하루 종일 피상적 현상을 표상으로 착각한 채 일과를 허비한다. 그들의 범죄를 은폐하고자, 그들의 창고를 가득 채우고자 대다수 백성들이 선한 자의 길에서 이탈하여 범죄의 흥분에 몸을 맡기고 있다.

청춘이 흘리는 피땀은 어디로 흐르는가. 평화로운 시대에 상업이 발달하고, 공장이 생기고, 놀라운 기계들이 출현하고, 거대한 배가 바다를 가로지르고, 강줄기 위로 다리가 건설되고, 아프리카에서 신비로운 향취의 과일이 수입된다.

그리고 선한 자는 일한 만큼 정당한 대가를 받지 못하고, 방직기계 앞에서 하루를 수탈당하고, 기계에게 기술을 난도질당하고, 바다에서 선원들이 몇 천 명씩 빠져 죽고, 벽돌을 등에 진 채 강물로 떨어져 익사하고, 검은 피부의 동족을 창살에 가둔다.

어떤 사람은 더 많이 착취당하기 위해 최고 고등교육기관을 졸업하고, 어떤 사람은 팔다리가 부러질 때까지 기둥을 세운다. 대체 왜 우리는 노력하는가. 왜 청춘은 꿈을 꾸는가. 그들의 꿈은 어디를 배경으로 바래지고 있는가.

 하루살이 같은 목숨을 위해 누군가를 하루살이로 전락시킨다. 나의 생명을 위해 누군가의 생명을 세계가 마련한 제단 위에 제물로 바친다. 인간의 삶은 견뎌낼 수 있을 정도의 고통일 뿐인데, 언젠가는 아픔이 내 안에서 사라질 것이라고 믿게 된 이유는 무엇일까.

 그나마 이 아픔에서 탈출한 몇몇 가진 자들마저 권태라는 새로운 아픔으로 몸부림치고 있는 것을 지켜보노라면 이 비참한 현실에서 인간으로 태어났다는 한 가지 사실보다 더 큰 재앙은 없다는 생각밖에 들지 않는다.

잠들지 않는 자가 너를 지배한다

> 우리의 정신이 이룩한 문화는 누리기 위해 존재하지 않는다. 우리가 만들어낸 이 시대의 문화는 우리의 어리석음을 재판하기 위해 존재한다.

나보다 더 뛰어난 재능을 가진 인간이란 내가 잠들어 있을 때 깨어 있는 인간이다. 나는 잠을 잘 잔다. 어디서든 쉽게 잠이 든다. 그러므로 이 세상에는 나보다 재능이 뛰어난 인간이 아주 많다.

대도시는 문명의 척도가 아니다. 대도시에서 정신은 어두컴컴한 거리 뒤편에 불과하다. 각인된 정신은 대도시를 살아가는 인류에게는 더 이상 절실하지 않다. 그러나 아직은 낙오를 생각하고 싶지 않다.

정신은 시대로부터 낙오될 수 없다. 불필요해질 수는 있어도 낙오되지는 않는다. 우리의 정신이 이룩한 문화는 누리기 위해 존재하지 않는다. 우리가 만들어낸 이 시대의 문화는 우리의 어리석음을 재판하기 위해 존재한다. 재판이 끝나고 판결문이 낭독되어 우리 시대의 문화가 역사의 저편으로 사라질 때쯤 새롭게 만들어진 문화가 그 자리를 대신하게 될 것이다. 그리고 우리는 우리의 생활과 직업과 거주지의 형태를 결정해준 문명의 뒷골목에서 밝은 거리를 뛰노는 젊은 이들을 질투하기만 하면 된다.

  나는 어떤 상황에도 순응할 자신이 있었다. 환경이 바뀌고 처음 겪는 집에서 생활하고 있지만 그럭저럭 참아내고 있다. 여러 가지 불편함이 있고, 처음 보는 사람들과의 마찰을 피해야 하는 어려움이 있지만 애써 무시하고 있다. 주어진 환경에 나는 이렇듯 순종하고 있다. 그리고 서서히 내 안에서 불만과 욕구가 쌓이기 시작한다. 동시에 이를 억눌러야 한다는 초조함으로 인내와 극기와 분별이 발생한다.

  고통에 익숙해질수록 고통은 단지 여건에 불과하다는 사실을 받아들이게 된다. 괴롭다면 익숙해짐으로써 상황을 일반화시킬 수 있다. 그렇지 않고서는 이런 상황에, 나의 요구와는 반대되는 이런 고통스런 현실에 억눌릴 수밖에 없다. 강요된 현실을 받아들이고 침묵하며 잠들 때마다 인간은 어리석음과 가까워진다. 수면에 대한 정의를 생각해본다. 그들의 명령에 대한 거부의사의 철회, 또는 복종의 다짐이다.

  많은 사람들이 나를 우호적으로 평가하고 있다는 이야기를 듣고 무척이나 놀랐다. 나를 좋아한다기보다는 존경한다는 표현이 더 적절할 듯싶다. 물론 내가 타인으로부터 존경받을 만한 정당한 인간이라고는 생각하지 않는다.

  나의 사고는 복잡하고 섬세한 구조로 형성되었다. 그 때문에 보통 사람들보다 민감하다. 좀 더 거칠었다면 많은 불행들로부터 방해받지 않았을 텐데…. 사소한 갈등으로 인해 이같은 장치의 작용을 방해받고 있다. 작은 먼지 때문에 정교한 기계가 멈춰버리듯 일상의 사소함이 나의 지적 분출을 완전히 가로막고 있다.

  나의 고찰은 통찰에 뛰어난 편은 아니다. 통찰보다는 논리에 초점을 맞추고 있다. 무엇인가를 쓸 수 있다는 것이 얼마나 다행스러운지 모른다. 이것이야말로 참된 행복이다. 논리는 단순해질수록 강력해지고 인간은 행복을 추구할수록 죽음과 가까워진다. 죽음이 인간의 가장 행복한 상태이기 때문이다.

  그래서 인간은 행복해지기 위해 죽음의 위협과 당당히 맞설 수가 있다. 행복을 원하기 때문에 삶이 고통스러워진다는 것은 깨닫지 못한 채 말이다. 나의 세계를 지킬 수 있고, 내가 머물 방이 있고, 그곳에서 따스함을 느끼며 나의 의미를 되찾는 것이 나에게는 행복의 전부다.

  이 시대를 정의한다면 가치전도의 시대라고 부를 수 있다. 현재는 과거에 계획하지 않았던 새로운 시도라고 부를 수 있다. 우리는 미래를 내다보지 못한다. 여러 가지 가능성을 열어놓고 이 세계의 의지가 나를 움직여주기를 기다리고 있다.

예술이라고 다르지 않다. 예술은 영원한 생명을 억지로 손에 넣고자 신에게 은총을 간구한 자에게만 가능성을 열어놓는다. 세상에는 그처럼 무모한 인간들이 존재한다. 그들 때문에 예술의 명맥이 유지된다.

영웅은 화려한 빛과 같아서 그 빛으로는 우리의 밤을 따뜻하게 데워주지 못한다. 뜨거운 한낮에만 스스로를 내세울 뿐이다. 그 차이를 비유하자면 요리를 구경하는 것과 직접 먹는 차이라고 할 수 있다. 보는 것과 먹는 것의 느낌은 다르다. 영웅으로 사는 것과 영웅을 칭송하는 것도 마찬가지다.

타인보다 나의 지능이 월등하다고 생각하려는 경향이 있다. 나의 현재 위치, 내가 목표로 삼고 있는 부분들에서 이런 경향은 요구된다. 그러나 현실에서 느끼는 감정은 정반대다. 내 머리가 남들에 비해 우수하다는 것은 나만의 착각일 뿐이라는 자괴감에 빠지곤 한다.

타인보다 지적인 능력이 떨어지기 때문에 현실을 호도하는 그릇된 전제조건을 만들어내는 것은 아닌지 불신과 불안이 밀려온다. 만약 이 가설이 옳다고 할지라도 나로서는 선택의 여지가 없다.

나의 전제가 완전한 오류라고 해도 타인보다 지적인 면에서 월등하다는 착각이 계속 필요하다. 나 자신의 비루함과 타고난 인성에 대한 부정으로 심정이 복잡해지는 것은 이같은 전제를 선택하기 전부터 각오하고 있던 바다.

태어났을 때부터 머리가 좋았더라면 상관없었을 텐데, 나의 부모는 장점보다 그들의 단점을 더 많이 물려주었다. 나는 그에 대한 반발로 부모님의 재산을 포기하고 싶었지만 비참한 자기학대를 즐겨보고 싶다는 유혹으로 그렇게 하지 못했다.

지금까지 내가 한 이야기가 사실과 다르다면 이렇게 말할 수도 있을 것이다. 나 자신의 성격적 결함에 대해 나 자신이 깨닫지 못하고 있다. 표지판을 보고도 엉뚱한 방향으로 접어드는 우매함이야말로 나의 특성이다. 단순하고 보잘것없는 재능으로 너무 많은 것을 얻었다. 그 결과가 오늘이다.

나의 이 절망을 다음과 같은 비유로 설명하고 싶다. 어떤 남자가 아침마다 옷장에서 자신의 군복을 꺼내놓고 자랑스럽게 훈장을 쓰다듬었다. '난 정말 용감한 사나이다'라고 혼자 만족하면서. 그런데 어느 날 자신의 군복에 달려있는 훈장이 다른 사람의 가슴에도 달려있는 것을 발견하게 되었다. 그리고 이 남자는 자신의 훈장에 대한 진실을 깨닫게 된다. 훈장은 용기에 대한 보상이 아니라 어떤 특수한 기능에 대한 인증임을 알게 된 것이다.

누군가를 가르쳐야 하는 입장이 부담스럽다. 나는 아직도 학생 신분에서 벗어나지 못한 것 같다. 나는 많은 것을 알고 있다. 그러나 타인에 비하면 아무것도 모르고 있다.

어린 날의 행복은 착각이다

인간은 전 생애를 통틀어 '현재'만을 살아간다. 과거와 미래는 뒤늦은 발견이며, 기껏해야 두뇌의 부차적인 활동에서 빚어지는 산물일 뿐, '현재'에 아무런 영향도 끼치지 못한다.

볼테르가 남긴 말 중에 유일하게 쓸만한 구절이 있다. "자기 나이를 헤아리지 못하는 사람은 그 나이에 겪을 수 있는 모든 불행을 만나게 된다."

인간은 전 생애를 통틀어 '현재'만을 살아간다. 과거와 미래는 뒤늦은 발견이며, 기껏해야 두뇌의 부차적인 활동에서 빚어지는 산물일 뿐, '현재'에 아무런 영향도 끼치지 못한다.

소년 시절에는 누구나 미래를 계획하고, 노인이 되어서는 소년 시절을 추억하지만, 소년 시절에 노인의 삶을 체험하는 사람이 없고, 늙어서 다시 소년이 되는 사람은 없으므로 모두 허황된 짓이며, 근본을 추리해보면 결국 '현재'에서 채워지지 않는 갈증을 탐욕스레 훔쳐보는 것과 다름이 없다.

인간에게는 기본적으로 성격과 성질이 있다. 성격은 타고난 것으로 죽을 때까지 변함이 없고, 성질은 한평생 변해가는 유동적인 소질이다. 현재는 성격보다는 성질에 더 많은 영향을 받는다. 현재와 성질은 유동적이라는 점에서 공통점이 있기 때문이다.

인생의 처음 4분의 1은 그나마 가장 행복한 시기다. 이 행복도 사실상 인식의 부족에 힘입은 착각에 가깝지만, 어쨌든 세상은 낙원에 가깝다. 훗날 노년에 이 시기를 떠올려보면 세상은 지금보다 훨씬 아름답고, 평화롭고, 풍요로웠다고 추억하게 되는 이유도 소년기의 철없는 인식능력 덕분이다.

소년이 접할 수 있는 외부세계는 매우 피상적이다. 기회도 적고, 요구도 거의 없다. 의지를 자극하는 절망과 고뇌가 없다. 이 무렵에는 생존이 유일한 욕구다. 그런데 대부분의 경우 부모로부터 먹거리와 침실을 제공받고 있으므로 본능이 출현할 기회는 거의 없다.

인간의 두뇌는 6세를 전후해 갑작스런 성장통을 겪는다. 지능도 6세를 전후로 발달한다. 외부에 대한 인식이 가능해지는 나이다. 그러나 아직까지는 모든 게 낯설고 신기해서 무조건 수용한다. 인식의 균형이 잡혀있지 않은 시절이기에 대상을 보는 눈은 맹인에 가깝다. 모든 인식이 '나'라는 기준을 통과한다. 즉 세계를 '나'의 일부 내지는 미래의 '나'로 여기게 된다.

세계를 바라보는 소년의 시선은 모태의 어둠에서 밝은 빛을 처음 경험했을 때의 여운이 눈가에 그늘을 만들어놓은 상태다. 소년의 눈가에 드리워진 그늘은 동공에 투영되는 모든 사물이 밝게만 느껴진다. 거리에 드러누워 구걸하는 거지에게서조차 낭만을 느끼고, 삼류 연애시를 읽고 온몸에 전율이 흐른다.

플라톤이 주창한 이데아는 소년들에게만 출입이 허용된 공간이다. 그들이 우리와 같은 사물을 보고도 다른 감동으로 흥분하는 까닭은 개체를 통해 보편적인 가치를 찾아낼 줄 모르기 때문이다. 소년은 모든 개체에 자신을 투영시킨다. 그것이 소년들을 자주 흥분하게 만들고, 사소한 일에도 열광하게 만든다.

소년은 종족의 일부 특성을 그 종족의 보편적 특성으로 자주 오인하곤 하는데, 이는 그들에게 직관은 없으나 직관에 대한 참을 수 없는 욕망이 도사리고 있기 때문이다. 그들은 눈앞의 사건사고로 세계 전체를 해석하려고 한다. 그것이 부당함을 알면서도 인간 특유의 만용은 억누를 수가 없다.

좀 더 간략하게 설명하면 소년은 인생을 한 눈에 통찰하고 있다. 그들은 오늘처럼 기쁘고 즐겁고 평화로운 날들이 후년에까지 지속되기를 간절히 꿈꾼다. 그 욕망은 젊음을 갈구하는 노인의 욕심과 비교가 되지 않을 정도다. 그들 영혼에 새겨진 인간 특유의 욕심과 개인주의, 착각은 소년기에 가장 크고 화려하게 꽃잎을 피운다. 비록 겉으로 보기에 그들은 한낱 어린아이에 불과하지만, 그들 내면에 잠재된 무의식은 하나의 사실과 하나의 사건으로 인생 전체를 정의하려는 독단에 사로잡혀 있다.

인간은 체험을 통해 세상을 구성하고 유지하는 관습과 질서를 깨닫는다. 이런 체험이 쌓여 자기만의 관습과 질서를 창조하게 되는데, 이렇게 만들어진 관습과 질서는 인생의 갈림길에서 나침반 같은 역할을 한다. 청년기는 개인의 관습과 질서가 형성되는 시기다.

청년 시절에 겪은 사건과 보고 듣고 배운 지식은 훗날 그가 겪게 될 모든 현상의 원인이 된다. 삶이란 지극히 개인적인 사태들의 연속처럼 보이지만 실은 대상과의 마찰에서 빚어지는 혼합물과 비슷하다. 그 대상은 세계가 될 수도 있고, 옆자리에 앉아있는 낯선 이방인이 될 수도 있는데, 가장 흔히 벌어지는 마찰로는 자기 자신과의 투쟁이 있다.

그러므로 청년의 내면에 깊숙이 잠입한 경험론적 지식은 그가 외부에서 활동하는 투쟁의 성향을 결정하고, 성질을 변화시키는 근본 원인이 되는 것이다. 동일한 인물, 동일한 상황, 동일한 결과를 똑같이 목격하고도 10대 후반과 60대 후반의 목격담은 완전히 달라지는 이유가 여기에 있다. 사물을 보고 어떤 인상을 받게 되었을 때 소년과 노인의 감각이 달라지는 이유가 바로 이것이다.

쉽게 말해 우리의 생애를 결정짓는 주범이라고도 할만한 '생의 감각'이 시도 때도 없이 변해가는 것이 문제다. 즉 청년 시절에 형성된 원형에 지속적으로 수정이 가해지는 것인데, 비유하자면 처음 의도했던 스케치에 물감을 덧입히면서 그리려고 했던 대상이 모호해지는 상황이다. 급기야 화가 본인조차 자신이 처음 의도했던 바가 무엇이었는지를 모르게 된다. 그것이 인간의 성장이다.

하지만 변하지 않는 것도 있다. 청년기에 완성되는 세계관의 길이와 무게다. 세계관은 나이가 듦에 따라 인간의 성질이 변하듯 수정되고 보충되고 악화되지만, 그 길이와 무게만큼은 처음 완성된 형태에서 변함이 없다. 그리고 이렇게 완성된 세계관의 길이와 무게에 의해 한 사람의 인생이 결정된다.

세계관의 길이가 짧은 사람은 가장 친한 벗의 세계조차 헤아리지 못한다. 그에 반해 천재, 혹은 현자로 불리는 특수한 사람들의 세계관은 지구를 뒤덮고도 남을 만큼 길다. 그래서 때로는 그들의 세계관에 침식되어 우리의 짧은 세계관이 보다 길어지는 행운을 얻기도 한다.

청년의 때에 세계관을 형성하는 주요한 인자는 인식이다. 외부 세계를 객관적으로, 혹은 낭만적으로 파악하고 분석해서 이해하려는 인식의 힘이 청년들에게 용기를 주고, 삶에 대한 집착을 길러주는 작용을 한다. 인식에는 분명 한계가 있고, 주체에게 필요한 것은 인식이 아닌 주관적인 의지다. 다만 청년기에는 의지가 작용할만한 극적인 시련과 전개가 거의 없으므로 의지보다는 인식이 더 큰 목소리를 내는 것 같다.

청년의 눈초리가 매사에 차갑고 비관적인 까닭은 그들의 내면에서 인식이 활동하고 있기 때문이다. 청년의 시선을 완벽하게 묘사한 라파엘로의 작품 '시스틴의 마돈나(Sistine Madonna)'는 아기예수를 안고 승천하는 성모 마리아를 어린 천사 둘이 올려다보고 있는 그림인데, 바로 이 어린 천사들의 눈짓이야말로 호기심과 흥분이 처절하리만큼 감춰진 청년들의 차가운 눈빛이다.

어린 소년들이 관조적으로, 엄숙하게 세상을 쳐다보며 비관하는 속내의 한 편에는 그들의 커다란 몸집만큼 성장하지 못한 의지에 대한 불안이 감춰져 있는 것이다.

공포를 이겨내는 힘, 자기기만

> 인간은 시간을 두려워하고 있다. 시간이 흘러가는 것을 두려워하고 있다. 흘러가는 시간을 멍청히 바라보면서 아무것도 하지 못했음에 두려워하고 있다.

나에게 서재의 책들과 책상에 대한 권리가 있다고 한다면 그동안 함께 했던 정신적 공유가 전부일 것이다. 늦은 밤 잠들지 못함을 서러워하며 책장을 넘기고, 불면의 시간들에 안타까워하며 펜을 쥐었던 그 날이 내가 가진 전부다. 그런 날들조차 이젠 과거가 되었다. 그렇다면 내게 남은 것은 나의 권리는 과거에 대한 미련과 그리움이 전부다.

위대한 사상도 이와 다를 게 없다. 철학의 가치는 반추에 있다. 고단한 삶의 언덕 앞에서 잠시 숨을 돌리며 미친 듯이 나의 뒤를 쫓는 고통의 추적을 생각해보는 순간에 있다. 그 순간이 철학을 위대하게 만든다. 고통을 모르는 자는, 숨 돌릴 틈도 없이 살아야 했던 세월을 가져보지 못한 자는 철학의 위대함을 모른다. 철학은 은행의 예금통장 같은 안도의 한숨이 아니다. 아련한 첫사랑을 떠올리는 쓰디쓴 내뱉음이다. 파헤쳐진 영혼을 추스를 때 철학은 그 살갗을 내보인다.

디딤돌에 딛고 올라서도 구름 너머는 보이지 않는다. 구름 너머가 궁금하다면 산을 올라가야 한다. 산 정상에 도달하기까지 헐떡거려야 한다. 온몸에 통증이 감돌 때마다 산 밑에서 올려다봤던 구름 너머를 상상해야 한다. 그것이 철학이다. 철학이 우리에게 필요한 이유다. 인식의 강둑을 무너뜨리고 범람하는 물질의 시대에도 철학을 사랑해야 하는 까닭이다.

철학의 시작은 공포를 이기는 데서 출발한다. 종교에 귀의하는 데도 용기가 필요하며, 과학을 입증하는 데도 용기가 필요하다. 나만의 사상을 세상 사람들에게 알리는 데도 용기가 필요하다. 용기는 시간이다. 시간이 우리를 용감하게 만든다.

인간이 가장 두려워하는 것은 죽음이 아니다. 인간은 시간을 두려워하고 있다. 시간이 흘러가는 것을 두려워하고 있다. 흘러가는 시간을 멍청히 바라보면서 아무것도 하지 못했음에 두려워하고 있다.

그러므로 용기란 시간을 극복하려는 의지다. 시간의 소유권이 내게 있음을 주장하는 것이다. 끊임없이 흘러가는 시간의 강물에 둑을 쌓지 않는 것이다. 내게 필요한 물줄기만 길어 올려 그것으로 만족하는 삶이 진정 용기 있는 삶이다. 그런 삶의 태도야말로 내가 추종해야 할 철학의 길이다.

상처를 입었다면 고통을 기억하지 말라. 상처가 아물고 다시 돋아나는 새살을 떠올려라. 상처가 기쁨이 되는 삶, 모든 인간이 마음속으로 소망해야 할 참다운 인생이다. 상처로 말미암아 우리의 시간들이 더욱 풍성해진다면, 상처가 벅찬 기쁨으로 나를 위로해준다면 우리는 아픔을 두려워해야 할 이유를 상실하게 되리라.

아픔을 모르는 기쁨은 존재하지 않는다. 패배와 좌절 없이 행복은 우리를 방문하지 않는다. 시련의 눈물 없이 웃음에는 가치가 매겨지지 않는다. 아픔을 통해 배우지 않은 모든 것이 거짓이다. 적어도 "인생이란 무엇인가?"라는 질문에서 그러하다. 그 질문에 대한 모든 대답이 아픔이다.

너는 이제 아픔으로 인하여 남보다 더 성숙해지리라. 나무는 빗물을 마시고 자라며, 인간은 자기가 흘린 눈물로 갈증을 해소한다. 후회하지 말고 눈물을 거둬라. 네가 스스로 진실을 선택하게 될 때까지 씨앗을 뿌리고 삶의 밭을 일궈라.

아름다움은 진실로 말미암아 상처 입은 가슴만이 발견할 수 있다. 그 벅찬 기쁨을 위해 아름다움은 저렇듯 신비한 모습으로 나의 이마 위를 떠돈다. 누구나 한 번쯤은 인생에서 동요를 느낄 때가 있다. 항

철학의 시작은 공포를 이기는 데서 출발한다.
종교에 귀의하는 데도 용기가 필요하며,
과학을 입증하는 데도 용기가 필요하다.
나만의 사상을 세상 사람들에게 알리는 데도 용기가 필요하다.
용기는 시간이다.
시간이 우리를 용감하게만든다.

구를 출발한 배는 필연적으로 파도를 거슬러야 한다. 인생도 마찬가지다. 태어남은 동요를 수반할 수밖에 없다. 흔들리지 않는 것은 인생이 아니다. 의심이 가지 않는다면 신앙이 아니다.

지금이 인생의 중대한 갈림길이라고 생각된다면 현재의 이곳은 당신에게 갈림길이다. 당신의 그런 생각이 이곳을 인생의 갈림길로 만들었다. 지금이 인생의 위기라고 생각된다면, 현재 당신의 처지는 매우 위험하다. 당신의 그런 생각이 당신을 위험하게 만들었다.

당신의 현재는, 그리고 현재의 당신은 당신의 생각이 만들어낸 표상이다. 이 세상도, 그 누구도 당신의 현재와 현재의 당신을 강요하진 못한다. 당신이 만든 표상을 당신으로부터 빼앗지도 못한다.

천부적인 재능을 타고난 젊은 청년들이 출발선을 떠나보기도 전에 인생을 포기하는 이유는 지나치게 일찍 주위를 둘러봤기 때문이다. 천부적인 재능을 타고난 주인공이 자신임에도 이 무대에서 자신이 주인공이라는 것을 깨닫지 못했기 때문이다.

인간은 모든 것이 가능하다. 신을 존재하게 만들 수도 있고, 존재하는 신을 저주할 수도 있으며, 그를 위해 목숨을 바칠 수도 있다. 그리스도를 십자가 형틀에 매단 것도 인간이었고, 그리스도의 죽음을 보고 하느님의 아들이라고 고백한 것도 인간이었다.

인간은 가장 극렬한 고통도 신의 은총으로 감사할 수 있다. 또 다윗처럼 신의 은총을 간음의 기회로 전락시킬 수도 있다. 다윗의 간음을 힐책한 예언자 나단의 말처럼 인간은 한 마리 양으로 신을 만나고, 자기 우리에 백 마리를 채우려고 가난한 농군의 어린 양 한 마리를 빼앗은 후 신께 감사의 제사를 올리기도 한다.

인생에서 가장 불가사의한 현상은 오직 인생뿐이다. 우리가 현재 살아있다는 것, 살아있음을 의식한다는 것, 그리고 우리가 존재하지 못했던 먼 옛날에 감사하고, 우리가 존재할 수 없는 먼 훗날을 위해 노력한다는 것. 이는 육체의 수수께끼 같은 현상, 즉 겉으로는 멀쩡해 보이는 사람이 신경병이나 간질병에 걸려 고통스러워하는 모습을 보게 되었을 때 느끼는 당혹감과 유사하다.

하지만 이런 문제를 너무 심각하게 고민해서는 곤란하다. 이에 대해서는 지나치게 깊이 생각할 필요가 없다. 인생과 맺은 젊은 날의 약속을 내가 먼저 파기하지 않는 한, 우리의 인생은 나와의 계약을 어기지 않는다. 그 대신 우리는 인생이 베푸는 절망을 거부해서는 안 된다. 이를 의심하지 않는다면 인생도 그다지 불가사의한 현상은 아니다. 그다지 불행할 것도, 불편할 것도 없다.

타인의 눈물에 속지 마라

> 힘겨운 시간들은 외부에서 시작되지 않는다. 슬픔은 언제나 나의 밑바닥에서 분수처럼 솟구친다. 늙음은 상실한 세월의 허망함이 아니다. 헛되이 보낸 청춘의 앙갚음이다.

'눈에 보이지 않는 세계'가 있음을 믿고 살아가는 사람과 '눈에 보이는 세계'만 믿고 살아가는 사람의 인생은 달라질 수밖에 없다. 내 마음속에는 어떤 믿음이 숨 쉬고 있는가? 나는 어떤 눈으로 세상을 바라보고 있는가?

'눈에 보이지 않는 세계'를 믿고 살아가는 사람은 눈앞에 닥친 시련과 고통에 좌절하지 않는다. 몸으로 겪은 고난은 그를 병들게 하지 못한다. 그의 영혼은 눈에 보이지 않는 그의 세계를 살아가고 있기 때문이다.

반대로 '눈에 보이는 세계'만 믿고 살아가는 사람은 작은 시련에도 눈물짓는다. 그에게는 눈앞의 세계가 전부였기 때문이다. 우리는 숙명적으로 눈에 보이는 세계를 살아간다. 하지만 우리의 영혼만큼은 눈에 보이지 않는 세계를 가졌으면 좋겠다. 그 세계에서 마음껏 살아갔으면 좋겠다.

나는 눈에 보이지 않는 세계를 소망이라고 부르겠다. 그 세계에 대한 의지를 신앙이라고 부르겠다. 그리고 눈에 보이는 이 세계를 눈에 보이지 않는 세계로 변화시키려는 노력을 내 삶의 전부로 생각하겠다.

만약 내가 신을 믿지 않았다면, 나의 불확실한 능력과 언제든 나를 배신할 준비가 되어 있는 굶주린 자들의 도움을 의지했다면, 또는 생활의 향락에 취해 밤거리를 배회하고 육체적인 환희를 유일한 즐거움으로 섬겼다면, 내 생활의 절반은 공포가 잠식하고 나머지 절반은 자기기만으로 채워졌을 게 분명하다.

인간은 환경에 귀속되지 않는다. 잘 꾸며진 정원과 비단으로 장식된 침대를 가진 사람도 황폐해진 마음 앞에서는 사막의 오아시스에 목말라하는 아라비아 상인들과 다를 바 없다.

힘겨운 시간들은 외부에서 시작되지 않는다. 슬픔은 언제나 나의 밑바닥에서 분수처럼 솟구친다. 늙음은 상실한 세월의 허망함이 아니다. 헛되이 보낸 청춘의 앙갚음이다. 신을 믿지 않는 것보다 차라리 우상이라도 섬기는 편이 인간에게는 위로가 된다.

인생은 한마디로 강제성의 연속이다. 법과 질서, 종교적 율법, 집집마다 중요시 여기는 가풍, 강압적인 교육, 전해져 오는 도덕과 사람들 사이에서 지켜야 할 예절 등 끝도 없다.

시대는 강한 자를 원하고 있다. 자신보다 약한 자를 언제든 짓이겨 버릴 수 있는 잔인한 자들의 시대로 변질되고 있다. 문명이 진보할수록 인간은 물질적인 표피에 모든 것을 걸어버린다. 평범한 소시민들조차 정직과 신의와 성실이라는 미덕을 내팽개치고 그들을 짓누르는 권력자들의 폭력성, 선정성, 게으름, 강탈, 거짓된 눈물을 추종한다.

인간이 이룩한 물질문명의 세계가 인간을 다시금 옛 시절의 동물적인 본능으로 회귀하게 만들고 있다. 값비싼 옷을 걸쳐도 삶의 행태는 속이지 못한다. 비싼 옷과 싸구려 옷의 차이는 기린의 점박이 무늬와 얼룩말의 얼룩무늬 차이에 불과하다. 머리에 왕관을 썼다고 해서 왕이 되는 것은 아니다.

인간에게는 영혼이 있다. 짐승과 달리 영혼이 있다. 영혼을 추구하지 않는 삶은 육신의 삶이다. 육신의 삶은 들짐승의 그것과 다를 게 없다. 죽으면 모든 게 종결된다는 사람들이 인간도 동물일 뿐이라는 이론에는 인간을 모욕했다며 분노한다. 나는 그들의 상반된 태도가 당혹스럽다. 어떻게 받아들여야 할지를 모르겠다.

요즘은 어린아이들마저 가난을 죄로 여긴다. 가난을 죄로 여기는 사상은 사냥에 성공하지 못하면 그대로 죽어야 한다는 논리가 지배하는 동물들의 세계에서나 가능한 발상이다. 이 땅에서 가난하다는 것은 수치가 아니다. 그것은 죄도 아니다. 무능력과 태만의 결과도 아니다. 오히려 가난하다는 것은 그가 정직했으며, 성실했다는 증거일 수도 있다. 부자들의 지갑과 은행과 금고에 가득한 지폐야말로 그들이 거짓말을 일삼았으며, 정직한 자를 우롱했으며, 신의를 배신한 증거일 수도 있다.

가난은 원석과도 같다. 이 돌 속에 어떤 보석이 숨어있는지 아무도 모른다. 하지만 인간은 더 이상 원석을 사랑하지 않는다. 이 돌이 무거운 의무라도 되는 것처럼 어떻게 해서든 멀리 던져버릴 기회만 찾고 있다. 이 돌을 깎고 다듬어 인생을 아름답게 꾸며볼 생각은 하지 않고 아무런 수고도 없이 타인이 깎아놓은 수고를 빼앗는 것만 계획하고 있다.

인간은 비겁해졌다. 많은 것을 소유할 수 있게 된 만큼 인간은 비겁해졌다. 가치를 몇 푼의 금화로 환산할 수 있게 되면서 인간은 비겁해지고 추해졌다. 가난이 죄로 여겨지는 시대를 살아간다는 것은 비겁해진 인간을 이웃과 친구로 둬야 한다는 것과 같은 의미다.

우리 시대의 문명이 축약된 도시는 정말이지 견디기 힘든 곳이었다. 도시에서의 생활은 신경쇠약과 두통과 불면과 소화불량으로만 기억된다. 나는 도처에서 패배했고, 새벽마다 시퍼런 적의의 칼날을 허리춤에 꽂고 거리로 달려나갔다. 도시는 사람들과의 갈등에서 승리하는 법을 가르쳐줬다. 승리의 횟수가 늘어날수록 나는 외톨이가 되었다.

이 도시는 승리만이 나의 긍지라고 말해왔으나, 나의 긍지는 이미 오래 전부터 무너지고 살해되기 시작했다. 이 도시는 어리석은 욕망의 끝자리에 나의 보금자리가 마련되어 있다고 속삭였으나, 결국 나는 도시가 말했던 욕망의 끝에 다다르기도 전에 쓰러지고 말았다.

나는 백치가 되기 전에 나만의 쓰디쓴 필연성을 찾아내고 싶었다. 생존의 이유가 반드시 존재할 것이라고 생각했기 때문이다. 하지만 인생은 우상에 불과했다. 내 모든 것을 바쳐 빌어도 내게 줄 것이 없는 애당초 생명과는 거리가 먼 목각인형에 불과했다.

문명화된 도시에서 살아가는데 필요로 하는 것은 진실을 판별해내는 특수한 능력이다. 이 시대에서 살아가야 하는 우리들에게 필요한 것은 오직 이런 재능뿐이다.

문명은 우리의 삶을 보다 활기차게 변화시켜줄 계획들로 넘쳐난다. 동네마다 조직과 단체가 있고, 거리마다 당원들의 구호소리로 시끄럽다. 어떤 시인들은 문명 때문에 예술이 사망했다고 외치며, 소설가들은 오늘날의 문명이 새로운 예술의 시작이라고 떠들어댄다.

하루에도 수십 개의 정치단체가 우후죽순처럼 난립하는 것으로도 모자라다고 생각했는지 요즘은 종교에 귀의한 자들의 파벌싸움도 툭하면 펼쳐진다. 갈등이 갈등을 낳고, 분쟁이 또 다른 분쟁의 원인으로 제공되는 것이 이 도시와 우리 시대가 기다리고 있는 현재의 운명이다.

이런 시대를 살아가려면 좋든 싫든 정의와 거짓을 구별해낼 줄 알아야 한다. 시대가 제공하는 갈등에 휩싸이지 않으려면 갈등의 결과가 아닌 원인부터 살펴봐야 한다. 당장이라도 시대를 둘로 쪼갤 것 같은 분쟁에 휘말려 재판관 앞을 서성이고, 누구 목소리가 더 시끄러운지에 귀 기울일 게 아니라 싸움을 시작한 패거리들의 소속을 알아내야만 한다. 그것이 우리 시대에서 생존하는 비법이며, 문명의 발전에 희생당하지 않는 비결이다.

하루살이처럼 살아온 탓이다

성현들은 하찮은 일에도 최선을 다했기에 큰일이 닥쳤을 때 이를 두려워하지 않고 자신의 의지를 관철시킬 수 있었다.

사회라는 외부환경은 구성원인 인간에게 끊임없이 결단을 요구한다. 인간에게 만족을 제공하기보다는 오히려 늘 뭔가를 포기하도록 요구한다. 사회의 이같은 성격을 파악하여 자신의 의지로 결단하는 삶을 살아가고자 노력하지 않는 한 수탈과 억압의 시대에서 개인의 인격을 지켜내지 못하게 된다.

인생에서 실패한 사람들은 결단을 보여주지 못한 자들이다. 자신의 힘으로 뭔가를 쟁취하려고 생각하지 못한 자들이다.

결단은 풀어서 설명하면 결연한 의지다. 마음이 의지를 움직이고, 의지가 혈관에서 피를 뿜게 하고, 피는 몸을 일으킨다. 소우주로 불리는 인간의 결연한 의지는 이처럼 마음을 움직이고, 생각을 움직이고, 삶을 움직이는 형태로 구체화된다.

사회라는 외부환경에 노출되어 살아가는 인간이 외부의 강압적인 요인에 굴복했을 때 우리는 의지를 상실한다. 그 이유는 삶이 나의 뜻대로 순환되지 않고, 외부의 흐름을 따라가기 때문이다. 따라서 나약한 의지는 자기 탓만은 아니다. 사회에도 일정부분 책임이 있다.

그러나 거대한 사회가 구성원 각자의 의지를 존중할 수 없다는 것은 누구나 알고 있는 사실이다. 그렇기 때문에 인간은 스스로 자신의 표상을 구성해나가야 한다. 이때 필요한 것이 바로 결단, 즉 결연한 의지다. 마음에서 의지를 만드는 것이 아니라 의지로써 마음을 만드는 것이다.

스무 살 이후 멈춰버린 성장을 대체하기 위해서는 성숙이 필요하다. 정신의 성숙이란 의지로써 마음을 만드는 것이다. 20년간 형성된 의지의 표상으로 이후의 5~60년을 살아간다는 것은 수학의 기본개념만 깨우쳐도 불가능하다는 것을 알 수 있다. 인간에게 성장 이후의 성숙이 필요한 까닭이다. 이 성숙의 결과가 의지와 직결된다.

의지를 상실한 인간, 다시 말해 성숙에 도달하지 못한 인간은 축적된 의지를 허비하며 하루살이처럼 연명한다. 그 결과 의지의 활력은 세월이 흐를수록 부족해지고, 심신의 불안정으로 미풍에도 인생은 부표처럼 떠올랐다 가라앉기를 반복한다.

사소한 일을 목전에 두었다고 해서 우리의 마음까지 사소하게 만들어서는 안 된다. 이는 자신의 마음이 사소해지는 원인이다. 하찮은 것들은 비뚤어져도 상관없다는 생각은 스스로를 비뚤어지게 만드는 추진력이다. 비록 하찮은 실천이라도 그 마음만큼은 존귀하다.

부처는 하다못해 밥을 지을 때도 정성을 다 쏟았다는 말이 전해진다. 그 모습을 보고 제자가 부처에게 물었다. "사람이 어찌 이렇게 살 수 있습니까? 무슨 수로 그 모든 일들에 열심을 다한단 말입니까?" 그러자 부처는 "사람으로 태어난 나의 처지가 미천하여 천한 일도 마다할 수 없기에 마다하지 않을 것뿐이다."라고 대답했다.

성인으로 추앙받는 부처도 그리하였거늘 범부에 불과한 우리의 삶이 경중을 따져 의지도 경중으로 나눈다는 것은 마음의 병, 다시 말해 의지가 병들었다는 것이 된다.

청소처럼 하찮은 일은 그 결과가 어찌되었든 내 인생과는 아무런 상관이 없다고 믿어버리는 것이 범부의 일생이고, 청소일지라도 최선을 다한다면 겉만 닦고 끝나는 게 아니라 나의 내면과 정신이 닦여져 인생이 더욱 풍요로워진다고 믿었던 것이 성현들이 보여준 불굴의 의지다.

이를 뒤집어 생각했을 때 하찮은 일에도 최선을 다하는 것은 의지의 출현을 연습하는 중요한 행사라고 할 수 있다.

일생일대의 대사건이 발생하기를 기다리며 힘을 비축하는 것은 말이 좋아 비축이지 방관에 지나지 않는다. 과거의 성현들은 하찮은 일에도 최선을 다했기에 큰일이 닥쳤을 때 이를 두려워하지 않고 자신의 의지를 관철시킬 수 있었다.

반면에 이름도 남기지 못하고 사라진 범부들은 하찮은 일을 하찮게 생각하며 의지와 상관없다고 안일하게 여겼다가 결과적으로 일생을 하찮게 보냈다고 할 수 있다.

5부

고뇌의 노예가 되기 위해
태어났을 뿐

고독을 발견하기 위해 허무가 주어졌다

생의 허무를 모르는 인간은, 생활에서 고독을 경험하지 못한 인간은 모두 길들여진 타인이다. 그 자신에게 그의 현재는 그의 본성과 대립하는 타인이다.

고뇌에서 벗어나고자 평안과 위안을 찾고, 허튼 소리를 따라가고, 위선자들을 경배하고, 충성스런 피탈자가 되더라도 달라지는 것은 없다. 평안은 형태를 바꾼 고뇌일 뿐, 위안은 더 큰 절망으로 지난 고통을 웃음거리로 만든 것일 뿐 괴로운 시간의 시계바늘은 멈추는 법이 없다.

고뇌는 대부분 결핍에서 야기된다. 물질에 대한 걱정, 필요에 대한 부족이 인간을 고민하게 만들고, 불평분자의 길로 인도한다. 운 좋게 물질적 결핍에서 벗어나더라도 정신은 여전히 빈궁하다. 나이에 따라, 그리고 환경에 따라 성욕, 사랑, 질투, 배신, 동경, 야망, 탐욕, 질병이 차례로 도래하기 때문이다.

다행스럽게도 이같은 정신적 결핍에서 자유로워졌을 때 이번에는 무기력한 일상에 대한 반발이 가슴 속에서 치밀어 오른다. 육체적, 정신적 포만이 올무가 되어 우리의 자유를 구속하는 것이다.

육체와 정신의 포만은 거만한 표정으로 인간의 생활이 지속되는 터전에 자신의 족적을 남기려고 한다. 이를 거부할 경우 최후의 수단으로 전쟁을 선포하게 되고, 우리는 어쩔 수 없이 정신적 대항을 각오하게 된다. 이 기나긴 싸움에서 예기치 못한 행운이 따라 승리하게 되었더라도 내일은 결코 희망적이지 않다. 뒤이어 권태의 습격이 찾아오기 때문이다.

우리는 또다시 권태와의 투쟁에 나서야 하고, 육체적 결핍과 정신적 결핍 등과 싸웠을 때와 마찬가지로 성찰과 반목을 통해 의지를 깨워야 하며, 기나긴 세월이 소비되는 장면을 무감각하게 지켜봐야만 한다.

인간을 포함한 지상의 생물에게는 한 가지 공통점이 있다. 동 틀 무렵부터 부산하게 움직여야 한다는 것이다. 이같은 활동의 원인을 찾자면 생존을 위해서다. 더할 나위 없이 물질적인 활동이며, 극단적으로 말해서 배설행위를 위한 사전 예비동작과도 같다. 지상의 생물들은 배설을 위해 아침부터 저녁까지 거의 모든 시간과 정력을 '먹이'에 소비한다. '먹이'가 곧 목숨이기 때문이다.

지상의 생물들이 '먹이'라는 가학적 본성에서 자유로워지는 방법이 있다. 선택받은 소수의 동물과 식물, 그리고 절대다수의 인간이 누리고 있는 혜택인데, 굴종이다. 동물원의 네 발 달린 짐승과 새, 어류, 한 겨울에도 봄날의 따뜻한 온기가 무한정 베풀어지는 식물원의 장미꽃, 그리고 사회정의와 규범을 신봉하는 인간이다.

'먹이'의 공급은 자유를 포기했을 때만 주어지는데, 자유를 포기할 만큼 매혹적인 혜택이기에 동물원 우리에 갇혀 사육사가 던져주는 날고기 맛을 알아버린 맹수와 어항에 갇혀 사료로 끼니를 해결하는 데 익숙해진 돌고래와 교육을 통해 사회성이라는 그럴듯한 단어로 포장된 '순치화(馴致化)'를 통과한 인간은 야만의 들판에서, 폭풍우가 몰아치는 바다에서, 고독에서 살아남지 못한다.

야만의 들판이, 파도가 휘몰아치는 바다가, 고독이 그들에게 자유를 선사하지만 우리에 길들여진 맹수와 돌고래와 인간에게 자유는 죽음으로 향하는 가장 빠른 길이자 그들의 평화롭고 안정된 일상에서 '먹이'를 앗아간 원수다. 자유가 그들에게는 형벌이 되는 것이다.

동물원과 식물원과 국가사회가 먹이공급에 열중하는 이유는 본능을 억제시키기 위해서다. 들판을 노니는 사슴을 사냥하기 위해 맹수에게 날카로운 어금니와 발톱이 주어졌고, 거친 파도에 밀려 해안으로 떠내려가지 않기 위해 돌고래의 힘줄은 지느러미가 되었고, 초식동물의 혓바닥에 휘감기지 않기 위해 장미에게는 가시가 주어졌다.

그리고 고독을 발견하기 위해 인간에게 니힐(nihil), 즉 허무가 주어졌다.
 생의 허무를 모르는 인간은, 생활에서 고독을 경험하지 못한 인간은 모두 길들여진 타인이다. 그 자신에게 그의 현재는 그의 본성과 대립하는 타인이다. 그가 '먹이'에 집착하면 집착할수록, '먹이'라는 환경에 안도하며 안주할수록 그는 스스로에게 영구적 타인으로 남는다.

 사회는 영구적 타인의 결사다. 우리의 정치적 이름인 민중은 영구적 타인의 집회다. 사교라는 행위는 영구적 타인의 영구적 타인에 대한 교감으로 인간의 손으로 저지른 재해가 모두 여기에서 출발했다.
 국가는 자신을 위협하는 강적인 기아로부터 인간을 지켜내기 위해 빵을 던져주고 있다. 그 빵을 먹이로 나날이 성장하는 것은 내 안의 타인이다. 그는 나의 이름으로 가족 곁에 머물고, 나의 얼굴로 거리에서 사람들과 인사를 주고받으며, 나의 목소리로 신앙을 고백하고, 나의 입술로 당나귀처럼 빵을 집어삼킨다.
 그리고 어느새 민중이라는 이름으로 불리게 되고, 이쯤 되면 사회는 하루에 던져주는 빵의 개수를 줄이면서 민중이 허기진 배를 느낄세라 채찍질을 가한다. 아픔으로 공복을 잊게 해주는 것이다. 그 은혜에 감사하며 민중이 된 타인은 고독보다 아픔을 선택하고, 사회는 형벌의 채찍 후에 몇 개의 마른 빵으로 민중을 달랜다. 6일간의 채찍질과 일요일, 단 하루의 빵이 우리가 고독을 두려워한 결과였다. 자유를 결핍보다 두려워한 대가였다.

　필라델피아의 어느 감옥에서는 소란을 일으킨 죄수들에게 고독을 처방한다고 한다. 그랬더니 상당수 죄수들이 스스로 목숨을 끊었다고 한다. 인간을 인간답게 키워주는 고독이라는 기름진 밭이 지옥보다 더한 곳으로 변질되었다. 나는 이런 세상이 두려워서 견딜 수 없다.

인생은 죽음을 연기하는 것일 뿐이다

죽음의 공포가 철학의 근원이며, 종교는 우리의 죽음에서 시작된 잠시의 위로에 지나지 않는다.

곁눈질로 창 밖을 내다보고 있을 때면 앞에서 누군가에게 끌려가는 사람들의 고통이 나의 책상 앞에까지 당도하곤 한다. 그러나 자세히 살펴보면 그들은 끌려가고 있는 게 아니라 뒤에서 떠밀려가고 있음을 발견하게 된다.

인간은 이성이라는 지적활동을 생의 기반으로 삼고 있는 유일무이한 짐승이다. 우리들 스스로 그렇게 자랑하며 인간으로 태어났다는 사실을 다행스럽게 여기고 있다.

그러나 우리의 목숨을 하루씩 연명시키는 보이지 않는 힘은 이성이 아니었다. 충동적인 욕망, 살려고 애쓰는 무의식에 가까운 의지에 의해 등을 떠밀리고 있는 것이다. 성욕만 해도 그렇다. 성욕은 원래 드러나서는 안 되는 감정이다.

  하지만 이성의 끈이 풀려 보여서는 안 될 행동들이 세상에 드러나는 횟수가 점차 늘어나고 있다. 성욕을 숨길 수 있는 베일이 사회 곳곳에 장치되어 있음에도 성욕은 우리의 공개된 생활에 수시로 고개를 내민다. 그로 인해 전쟁이 벌어지고, 평화협정이 체결되고, 성공의 기초가 되는가 하면 예술의 발전이라는 열매가 되기도 한다. 가장 난해한 유머의 원천이 되기도 하는 것이다.

  성욕이 풍자의 대상이 되었다는 이유로 사회와 인간의 발전을 확신하는 부류가 있지만, 여전히 성욕은 온갖 비밀과 비열한 눈짓의 원인으로 작용하는 현실을 피해가지는 못한다.

  인간에게 선이란 행복과 만족이다. 행복과 만족은 그 성격이 소극적이다. 단순히 욕구가 진정되고, 고통이 잠시 멈춘 것에 불과하다. '살고자 하는 의지'는 끊임없는 욕망이며, 끝없는 갈망이다. 그것이 우리 삶의 뿌리다. 생명이 있는 것들은 만족과 행복이라는 일시적이고도 국한된 상황에 감동하지 않는다. 인생은 고뇌이기 때문이다.

  걷고 있다는 것은 쓰러지지 않기 위해 두 발을 번갈아 가면서 움직이고 있다는 인간 행동의 한 가지다. 서 있다는 것은 밑에서 무엇인가가 우리를 떠받치고 있다는 뜻이며, 우리의 육신이 살아있다는 것은 단지 죽기 위해 시간을 흘려보내고 있음과 동일하다. 살고 싶다는

살고싶다는 욕망은 죽음과의 거리가 좁혀지는 시기를
최대한 늦추고싶다는 두려움의 반응이며,
우리 인생은 필사적으로 죽음을 연기하고 있는 것일 뿐이다.
죽음의 공포가 철학의 근원이며,
종교는 우리의 죽음에서 시작된 잠시의 위로에 지나지 않는다.

욕망은 죽음과의 거리가 좁혀지는 시기를 최대한 늦추고 싶다는 두려움의 반응이며, 우리 인생은 필사적으로 죽음을 연기하고 있는 것일 뿐이다. 죽음의 공포가 철학의 근원이며, 종교는 우리의 죽음에서 시작된 잠시의 위로에 지나지 않는다.

책과 학문, 기술의 습득이 우리를 구원해주리라고, 구원까지는 아니더라도 최소한 인간답게 죽음을 맞이할 수 있게끔 지원해주리라는 기대는 버려야 한다. 책을 읽는다는 것은 결국 나의 머리가 아닌 책을 쓴 자의 머리로 생각하겠다는 뜻이며, 학업은 누군가가 걸어가며 좌절했던 절망을 희망삼아 스스로를 속이는 행태임을 명심해야 한다.

수만 권의 책을 읽은 자의 머릿속에는 수만 명의 사람들이 서식하고 있지만, 정작 그 자신은 그의 머릿속에 방 한 칸 마련되어 있지 않다. 스스로 사색하고, 스스로 욕망하고, 스스로 포기하는 자만이 고통 없는 죽음을 만끽할 자격이 있다.

스스로 생각하는 사람은 군주와 같다. 그는 타인의 힘을 빌리지 않고도 자신의 성을 지켜내고, 독립된 지위를 누리고, 그에게 명령하는 자의 목소리에 귀를 기울이지 않는다. 그의 삶은 스스로 판단한다.

군주가 법을 정하고 백성에게 공표하듯 그는 자신에게 주어진 시간 속에서 절대 권력을 쟁취한다. 그에게 용기와 자신감, 지혜를 주는 원천은 바로 자기 자신이다. 그에게는 세상을 이해하고 조립하는 명확한 근거가 있다. 바로 자기 자신이다.

  군주가 타국의 왕이 명령한다고 해서 굴복하지 않듯이 스스로 생각하는 사람은 정치적 권위를 인정하지 않고, 직접 확인한 '참'만을 인정하며 승인한다. 눈동자가 다른 누군가를 쫓는 순간, 낡은 관념이 그의 삶에서 재탕될 것이다.

  독창적인 인생은 독창적인 사상을 통해 실현된다. 독창적인 사상은 의지로 통일된 체계에서 태어난다. 스스로 한 권의 위대한 철학책이 되는 것이다.

  인생은 대수의 공식이 아니다. 인생은 시와 같은 예술의 한 갈래다. 직관의 세계에서 누구도 흉내 못 낼 아름답고 독창적인 시 한 편이 탄생하듯 직관의 파악으로부터 인생은 시작되는 법이다. 그렇지 못한 시간들은 삶이 아니다. 죽음을 향해 끌려가는 도살장의 울부짖는 발걸음일 뿐이다.

인내가 궁핍을 위로해주지는 못한다

목표가 없는 삶에 탈선의 위험이 있다면 권태에 젖은 생활은 정신을 마비시키는 관능주의에 빠질 우려가 있다. 목표가 없는 사람은 인생의 가치를 고민하지 않는다.

    인간에게는 자기만의 '말'이 있다. 늘 마음속에 그 '말'을 간직한 채 살아간다. 어디를 가든, 누구를 만나든 시간과 장소에 구애받지 않고 그 '말'을 혀와 몸과 의지로 표현하며 살아갈 수밖에 없다. 이처럼 인간에게는 자기만의 '말'이 있다.

    어떤 사람에게 그 '말'은 하나의 단어일 수도 있고, 구절일 수도 있고, 문장일 수도 있고, 책 한 권이 될 수도 있다. 어쨌든 한 가지 분명한 사실은 이 '말'이 그의 전부라는 것이다. 다른 어떤 말과도 비교할 수 없고, 바꿀 수 없는 그의 유일한 존재라는 점이다.

    이 '말'은 나만의 것은 아니다. 다른 사람들도 때에 따라서는 이 말을 사용한다. 나보다 더 빈번히 사용하는 사람도 있다. 그들에게 이 '말'은 기호다. 자신의 감정과 사상을 표현하는 데 필요한 수단일 뿐이다. 그러나 내게 이 '말'은 단순한 기호가 아니다. 이 '말'은 엄연한 생명체다. 나의 신체와 영혼과 정신에 결합된 생명의 근본이다.

그 '말'이 처음부터 생명이었던 것은 아니다. 처음부터 살아있던 것은 결코 아니다. 내 영혼이 이 '말'을 받아들이게 되면서 이 '말'은 나의 생명이 되었다. 내게 이 '말'은 영원한 수수께끼이며, 이해할 수 없는 비밀이며, 내 일생을 다 바쳐 섬겨야 하는 인내이며, 나를 살아가게 하는 용기이다.

이 '말'과 함께 하는 시간이 길어질수록 나는 이 '말'을 사랑하게 된다. 이 '말'이야말로 내가 탐구했고, 파악하려 했던 나의 실체가 아닐까, 라는 생각까지 하게 되는 것이다.

간혹 이 '말'로부터 도피하고 싶은 때가 있다. 세상이 출입구가 없는 미로처럼 느껴질 때, 좌절과 절망이 나를 포위한 것 같을 때, 손을 내밀어도 내 곁에는 아무도 없다는 것을 알았을 때 나는 이 '말'로부터 도망치고 싶어진다.

하지만 결국에는 다시 이 '말'로 돌아와야 한다는 것을 나는 안다. 내 지친 영혼을 받아주는 것은 오직 이 '말' 뿐이기 때문이다. 내가 누구인지를 말해주는 것은 오직 이 '말' 밖에는 없기 때문이다. 내가 왜 이리도 힘들게 살아야 하는지를 가르쳐주는 것은 오직 이 '말'이었기 때문이다.

아무리 외로워도 그 '말'이 내 곁에 있으면 나는 안심이 된다. 이 세상에 나 혼자라는 생각이 들 때도 그 '말'을 떠올리면 나는 빙그레 웃음이 난다.

그렇다. 나의 '말'은, 내가 사랑하는 그 '말'은, 나의 영혼일 수밖에 없는 그 '말'은 '고독'과 '권태'다. 어느 날 예고도 없이 내 영혼에 계시처럼 나타났다. 그때의 광경이 지금도 눈에 선하다. 바로 어제 일처럼 내 기억 속에서 또렷하다.

'고독'과 '권태'라는 말을 처음 듣게 되었을 때, 나는 내 영혼이 떨리고 있음을 느꼈다. 그 떨림이 '고독'이라는 낯익은 단어에게 생명을 주었고, 내 생명의 반을 '권태'에게 나눠줬다.

그때부터 '고독'과 '권태'는 나의 말이 되었다.

인생에서 가장 위험한 시기는 권태가 찾아올 때다. 권태는 정해진 기한이 없으므로 한 번 시작되면 여간해서는 벗어나기 힘들다. 목표가 없는 삶에 탈선의 위험이 있다면 권태에 젖은 생활은 정신을 마비시키는 관능주의에 빠질 우려가 있다. 목표가 없는 사람은 인생의 가치를 고민하지 않는다.

따라서 자신의 오늘이 내일을 어떻게 만들지에 대한 두려움이 없다. 해선 안 될 행동과 반드시 그렇게 해야 하는 행동을 구별하지 못한다. 목표가 없는 사람에게 인생은 24시간이라는 숫자일 뿐이다.

권태에 빠진 인간은 이 무의미한 하루가 24시간이나 지속된다는 데에 고통스러워 한다. 이 고통을 견뎌내려고 권태로운 인간은 자극을 찾는다. 초점이 흐려진 권태로운 인간의 눈에는 야심, 권력, 소유, 관능에 대한 집착 등이 무의미한 하루를 버틸 수 있게 도와주는 진정제처럼 보인다.

진실은 인간을 만족시키지 못한다. 진실이 보여주는 단순한 일상은 인간을 무료하게 만들기만 한다. 인간의 사고체계는 지나치게 복잡해서 동물과 달리 쉽게 권태를 느끼고 나태해진다. 그래서 인간은 무료한 일상을 달래려고 좀 더 바쁘고, 좀 더 흥분될만한 색다른 자극을 찾아 나서게 된다.

인간이 아무리 애를 써도 삶은 기껏해야 두 종류뿐이다. 권태에 시달리든지, 고통에 시달리는 것이다. 권태도 반복되다보면 고통이 되고, 잦은 고통도 시간이 지나면 무감각한 권태가 된다. 어차피 인간은 권태로운 존재다. 우리가 기쁨보다 고통을 사랑해야 하는 이유다.

처음에는 괴롭겠지만, 언젠가는 기쁨을 경계하고 두려워하는 단계에 도달하게 될 것이다. 이런 단계에 도달하면 인생은 더 이상 고통스럽지도, 권태롭지도 않은 평범한 그 자체가 된다. 그것으로 고난은 끝이다.

어떤 사람들은 수동적인 인내와 스토아적인 무상(無想)의 신념으로 그 같은 경지에 도달할 수 있다고 말하는데, 인내는 고통을 극복하는 바람직한 태도가 아니다. 단순히 참고 견뎌낸다는 것은 굶주림에 대한 효과적인 처방이 아니다. 더 오래 참을수록 허기는 극심해지고, 더 오래 버틸수록 영혼은 피곤해진다.

고통과 권태에 대한 두려움은 믿음이 약해졌다는 신호다. 두려움을 극복하는 방법은 의지밖에 없다. 인생이 두려운 까닭은 나의 의지를 믿지 못하기 때문이고, 사람이 두려운 까닭은 그의 의지가 나를 지배하게 되리라고 믿고 있기 때문이다.

나의 의지를 믿기만 한다면 인생은 두려울 이유가 없다. 상대방의 의지를 인정하지 않는다면 그의 말과 행동에서 내가 고통받을 이유가 없다.

두려움은 극복의 대상이 아니다. 두려움은 치유해야 할 질병이다. 이것은 감기와 같다. 감기에는 특별한 약이 없다. 내 몸의 항체를 활성화시키는 것이 감기에 대항하는 유일한 처방이다. 두려움도 특별한 처방이 있거나, 효과가 뛰어난 약을 먹는다고 해서 개선되는 것은 아니다. 나의 의지가 세상에 대한 불신으로 가득해질 때까지 기다리는 수밖에 없다.

거미줄 위에서는 거미만이 살아남는다

> 한 편의 시가 목동의 지팡이를 푯대 삼아 풀밭을 뒹구는 어린 양이라면 체계, 사회, 구조를 뒷받침하는 철학사상은 살아남는 것이 목표인 전갈이다. 상대방의 목덜미에 독물이 끈적거리는 꼬리를 서슴지 않고 꽂아 넣는다.

철학은 삶에 용기와 결단을 준다. 그리고 삶은 우리에게 철학을 통해 정신의 여유를 보상한다. 철학이 가장 필요로 하는 것은 여유로운 마음가짐이다. 철학이 우리에게 요구하는 것은 다음과 같은 두 가지 사항이다.

첫째는 어떤 성과에도 낙관하지 말라는 것이다. 기쁨과 열망을 마음속에 간직하는 사람은 세계라는 대상을 향해 아무런 의문도 품지 못한다. 철학은 우리에게 질문을 요구한다. 그것이 곧 용기이기 때문이다.

둘째는 자명한 이치에 대한 반항이다. 그것이 진리일지라도 외부의 강압에 의해서라면 거부할 줄 알아야 한다. 그것이 인간의 정신이다. 인간의 정신은 그 어떤 목적에도 구애받아서는 안 된다. 목표를 쫓아가서도 안 된다. 욕망이라는 의지와 어깨를 견줘서도 안 된다. 인생이란 우리의 내면에서 세계를 하나로 통일시키는 고유한 직관의 연속이다. 직관이라는 단어가 낯설다면 계시를 떠올려도 좋다. 삶의 순간들에서 찾아오는 계시를 우리는 받아들일 줄 알아야 한다.

이 시대의 철학자들, 혹은 지식인들, 혹은 정치인들, 혹은 종교인들은 그들의 개인적인 이해관계에 더 많은 계시를 반영하고자 타인의 삶에 억압된 계시를 남발한다. 그들이 우리 같은 일반인에게 보여주는 보다 나은 삶에 대한 계시는 결코 우리 스스로 쟁취한 직관이 아니다. 우리가 보고 느끼고 깨닫고 발견한 깨우침이 아니다. 그들이 보여주는 모든 계시는 그들 자신의 것이다.

따라서 보이는 것들을 추종하는 삶은 언제가 됐든 한계에 갇혀버린다. 그로 인해 우리 주변에 흩어져있는 수많은 진실들을 알아보지 못하게 된다.

일생에 단 한 번이라도 자신의 삶에서 철학적인 문제와 맞닥뜨려 나만의 계시로 이를 뛰어넘고자 소망하는 사람이라면 그들의 철학에서 벗어나야 한다. 내면의 성찰은 용기와 결단에 의해서만 이루어진다. 그리고 용기와 결단은 인간의 정신활동 중에서 오직 개인적인 철학을 추구했을 때 곁에 남는다.

스스로를 사색하지 않는 자에게 스스로를 돌아보고 반성하고 수정하는 능력과 용기는 주어지지 않는 법이다.

하지만 인생은 세월이 흐를수록 대중이라는 이름 앞에 굴복하기 마련이다. 명성이라는 권력에게 자발적으로 권위를 수여하기 마련이다. 대중과 명성이라는 이름이 새겨진 모든 상황에 극도의 존경을 표하려고 야단들이다. 자신의 무가치한 행실에 한 점의 반성도 보여주려고 하지 않는다. 명예와 물질적 풍요를 위해 배움을 팔아먹는 이 세상의 대다수 철학자들이 기대하는 대로 '철학'을 사회와 국가와 강단에 맡겨버린다.

그렇기 때문에 오늘날 인간은 모두 시인이 되어야 한다. 시인에게는 자신의 앞날에 닥칠 상황들을 미리 가늠할만한 능력이 있기 때문이다. 시인은 예지 능력으로 발굴해낸 미래의 자기 모습을 책상 위에 펼쳐놓고 자신의 정신수준이 미치는 범위 안에서 마음껏 유린한다. 이런 특수한 능력 덕분에 시인은 자신과 다른 부류의 인종들, 예를 들어 현자와 철학자를 동시에 만족시킬 수 있었다.

이와 반대로 우리 시대의 철학자는 시인처럼 인생을 확인시켜주지 않는다. 각자의 삶이 아닌 오직 그의 삶에서 이끌어낸 그의 완성된 사상을 우리에게 강요한다. 그런 의미에서 우리를 가두고 있는 정치·사회적 구조는 누군가의 철학이다. 사상을 타인에게 강요할 뿐만 아니라 그와 동일한 사고체계 안에서 생존할 것을 요구한다는 점에서도 현 시점의 정치·사회적 구조를 만들어낸 인물들은 모두 철학자라고 불러야 한다.

그래서 우리는 시인으로 살아가야 하는 것이다. 우리가 철학자가 된다면 우리도 그들처럼 누군가에게 나의 용기와 결단을 인정받으려고 폭력이라는 도구를 손에 쥐게 될 것이 분명하다. 시인이 꽃이라면 철학자는 꽃잎에 가려진 정핵이다. 나를 꼭 닮은 뭔가를 수정시켜야 한다는 강박관념밖에는 남아있지 않다.

한 편의 시가 하나의 고유한 사상보다 더욱 위대한 까닭은 시인의 작품에서 시인이 살아온 인생이 발견되기 때문이다. 시인의 삶과 시인의 작품은 서로 어긋나지 않는다. 이 땅에서 보낸 시인의 날들이 늘어갈수록 늘어나는 그의 작품들은 연관성을 유지케 된다. 그가 쓴 시가 이질적인 성격들로 나뉘더라도 시인의 고유한 정신세계를 동일하게 감상할 수 있다.

반면에 모든 철학적 체계는 세계에 모습을 드러내자마자 고유함을 수치로 여기고 형제들의 멸망을 갈망하게 된다. 마치 술탄(sultan : 중세 이슬람 국가의 최고지도자)의 즉위식에서 질투와 분노의 표정을 감추지 못하는 정적들처럼 말이다.

벌집에 여왕벌이 한 마리뿐이듯 이 세계에서 단 하나의 철학이 공인받기까지 인격과 인격, 개인과 대중의 싸움은 끝나지 않을 것이다.

이것은 지적생존이 걸린 대전투다. 정신과 영혼을 담보로 한 숙명과도 같은 시험이다.

우리를 둘러싼 체계, 사회, 구조란 무엇인가. 이것은 거미줄과 같다. 무척이나 비사교적이다. 타인에 대한 배려는 찾아보기 힘들다. 오직 거미줄을 쳐놓은 거미에게만 우호적이다. 거미줄을 쳐놓은 거미만이 거미줄 위에서 자유를 누린다. 두 마리의 거미는 서로 거미줄을 쳐놓고 상대가 자신에게 다가오기만을 기다린다. 절대로 한 발 앞서 자신이 다가가려고 하지 않는다. 그들은 거미줄이 어떤 구조인지를 알고 있기 때문이다. 이 세계에서 전쟁이 사라질 수 없는 구차한 진리다.

한 편의 시가 목동의 지팡이를 폿대 삼아 풀밭을 뒹구는 어린 양이라면 체계, 사회, 구조를 뒷받침하는 철학사상은 살아남는 것이 목표인 전갈이다. 상대방의 목덜미에 독물이 끈적거리는 꼬리를 서슴지 않고 꽂아 넣는다.

파괴욕은 동족과의 마주침에 의해 극에 달하고, 탐욕은 아직 세상에 태어나지도 않은 유충을 발견했을 때 감미로운 술잔을 눈앞에 둔 연인들처럼 가슴이 두근거린다.

세상은 오늘도 이아손(Iason : 그리스 신화에 등장하는 영웅)이 죽인 거대한 용의 이빨에서 튀어나온 병사들처럼 한 명이 살아남게 될 때까지 칼을 휘두른다. 이 싸움이 시작된 지도 벌써 2천년이 넘었다.

나는 묻지 않을 수 없다. 이 싸움에서 최종적으로 살아남은 1인은 평화를 구현해낼 수 있을까?

나는 절대로 그런 일은 벌어지지 않는다고 자신 있게 단언할 수 있다. '만인의 만인을 위한 투쟁', 그것이 철학의 본질이기 때문이다. 어떤 철학이 대중을 감동시켜 구현해낸 체계는 언제나 폭력적이었다. 그래서 시인으로 명예를 얻는 것보다 철학자로서 명예를 얻는 것이 더욱 어렵다.

시인의 삶이 본인과 세상 사람들에게 요구하는 것은 단순한 감동과 한두 시간 지속되는 여운인 반면에 철학자의 삶은 개인의 삶을 뒤흔들어 전혀 새로운 사고방식으로 지난날을 후회하고, 미래를 불안에 떨게 만들려는 욕망이기 때문이다.

어느 철학자의 사상에 공감을 표한 청년이 지금까지 지켜온 자신의 삶을 부정하고, 꿈꾸어 왔던 미래마저 오류로 규정하는 사태가 수없이 반복되어왔다. 그것은 지금 이 순간에도 세계 어디선가 진행되고 있는 폭력이다.

철학자가 타인에게 각성을 유도하는 근거는 청춘을 광기로 덧없이 낭비했던 옛 철학자의 짧은 한때에 불과하다. 청춘의 광기가 훗날 어떤 사상으로 열매를 맺게 되었는지는 중요하지 않다. 그가 말하는 철학보다 먼저 등장한 사상을 이야기하는 사람들은 모두 적으로 간주

해버린다. 국가는 사회체계에 유익하다고 판단한 철학만을 생존시켜 왔다. 그것이 뜻대로 되지 않을 때는 강제적인 수단을 동원했다.

우리가 국가의 판단을 대수롭지 않게 여기는 까닭은, 즉 우리 인생에 국가의 판단이 별다른 영향을 미치지 않을 것이라고 생각한 이유는 철학을 이해할 수 있는 시민이 매우 한정되어 있기 때문이다. 철학을 시와 비교하는 것은 도서관에서 책을 빌려 읽는 사람의 수와 술집에서 술병을 찾는 사람의 수를 비교하는 것만큼이나 무의미하다.

시간이 지날수록 대중은 사상가의 이름을 권위로 인정하게 된다. 그의 이름이 새겨진 모든 상황에 존경을 표현하게 된다. 나아가 오늘날의 그를 가능하게 해준 체제에 순응하게 만든다. 이것은 종교와 이념, 학교와 가정을 막론하고 동일하게 적용되는 수학공식과도 같다.

인류의 역사를 통틀어 철학자로 불린 자들의 이름은 모든 국가에 등장한 왕들의 이름보다 훨씬 적다. 아마도 100분의 1에도 미치지 못할 것이다.

우리가 살고 있는 이 세상은 왕들의 손으로 만들어졌다. 그리고 왕들의 손은 왕관이 씌워진 머리에 의해 움직여졌다. 왕들의 머릿속에는 생각이 있었고, 그 생각은 대부분 해당 시대의 철학자의 소유였다. 철학자로 불리는 것이 인생의 가장 명예로운 특권임을 보여주는 증거다.

광기는 평범한 사람들을 감염시킨다

광기는 자기만의 확고한 의지가 독립된 사람에게는 별다른 영향을 미치지 못한다. 그러나 독립하지 못한 의지, 즉 다수의 평범한 사람들을 감염시킬 가능성이 많다.

    인간사는 알기 어려운 것처럼 보여도 실상은 깨닫기 쉬운 면이 많다. 우주의 의지를 확인하는 것으로 인간사라는 표상이 한결 쉬워진다. 이에 대한 욕망과 실천에서 수많은 철인과 학자, 과학자가 탄생했다. 그런데 우주의 의지는 말 그대로 천상의 것이다. 지상의 피조물인 인간이 깨닫고 파악하기에는 분명한 한계가 있다.
    우주의 의지에 의해 사람의 일생이 변하기는 해도 사람의 의지로 우주의 운행을 변화시킬 수 없는 것과 마찬가지다. 사람은 우주를 떠다니는 무수한 입자들 중 하나다. 우주의 의지, 즉 법칙을 수용하고 따르는 것이 생존을 위한 최선의 선택이 된다. 인간사는 가깝고 우주는 하늘 너머의 무한한 공간에 펼쳐져 있으므로 인간사를 헤아려 인간에 관한 문제를 해결하는 것이 보다 빠르고 현실적인 판단이라는 명분도 있다.

의지가 표상을 취하는 사건들을 우선적으로 파악해나가다 보면 우주의 의지가 인간의 삶에, 그리고 이 세계에 어떤 영향을 미치고 있는지, 우주의 의지가 우리 안에서 어떻게 작용하고 있는지를 일정부분 가늠할 수 있게 될 것이라고 생각한다.

의지가 표출되는 가장 흔한 사건은 개인의 믿음에 대한 확신이다. 어떻게 보면 가장 숭고한 사건이라고 불러야 할지도 모른다. 불교, 유교, 기독교, 이슬람교, 힌두교, 혹은 자신이 새롭게 발견한 종교에 대한 신념은 사람이 보여줄 수 있는 의지 가운데서도 으뜸이다.

옛 전도자들과 순교자들이 견디기 어려운 난관과 능욕과 비애를 극복하고, 자기 안의 의지를 사람들이 믿고 따르는 신앙의 결정, 즉 '표상'으로까지 확장시킬 수 있었던 까닭은 자기 의지에 대한 불변의 신뢰가 있었기 때문이다.

이것은 종교상의 단순한 감정기복이 아니다. 이같은 의지가 우리 삶의 전반적인 방향으로 확대된다면 인간 의지의 참된 모색이라고 봐도 무방할 것이다.

우리 삶의 궁극적인 지표는 나의 삶과 나의 믿음이 확고하게 부합되는 일치를 경험하는 것이다. 이같은 경험이 곧 자각이다. 그리고 자각이 삶의 모든 순간들에 적용되었을 때 비로소 인간은 자신의 생을 주관하는 독립된 표상이 될 수 있다.

이 궁극의 지표에 도달한 인간은 자신의 의지로 타인의 의지를 생성시키기에 이른다.

광기는 사람의 심리를 흩어지게 만드는 모순된 의지다. 광기를 정신병으로 몰아가려는 세력이 있는데, 어떤 의미에서는 궁극의 의지라고 볼 수 있기에 단순히 개인적인 질병으로 치부해서는 안 된다고 생각한다.

광기는 자기만의 확고한 의지가 독립된 사람에게는 별다른 영향을 미치지 못한다. 그러나 독립하지 못한 의지, 즉 다수의 평범한 사람들을 감염시킬 가능성이 많다.

광기처럼 극단의 표상을 추구하는 의지는 객관화되고 단련을 거친 독립된 의지보다 훨씬 빠르게 전파되는 특색이 있다. 그 이유는 아마도 세상에는 객관적이고 독립된 의지를 온전히 보존하고 있는 사람보다 극단의 표상에 잠식당한 사람들이 더 많다는 점도 있을 것이다. 그러므로 어리석은 다수의 행위가 현명한 개인의 행위보다 항상 정당하게 대접받은 이유도 이같은 이유 때문일 것이다.

사람들이 많이 모이는 정치집회에 가보면 이같은 공명작용을 쉽게 발견할 수 있다. 사람들이 집회에 참석하는 이유는 뭘까. 자신의 의지가 부족하기 때문이다. 의지는 자석과 비슷해서 보다 큰 의지에 작은 의지가 이끌린다. 의지가 허약한 사람일수록 사람들이 많이 모인 곳, 다시 말해 대규모 의지가 축약되어 보잘것없는 표상이라도 만들어낸 곳을 그냥 지나치지 못한다.

만약 이때 두서너 명이 자극적이고 불균형적인 의지를 발산하게 된다면 어떻게 될까. 이것이 순식간에 전파되어 군중심리로 표출된다. 이를 공명작용이라고 하며, 그 자리에 모인 대다수 참석자들은 자기 내면에 개별적이고 주체적인 의지가 상실된 상태이기에 거부감 없이 외부에서 전해지는 의지의 파동을 수용하게 된다. 다섯 명의 외침이 열 명에게 전파되고, 열 명의 외침이 스무 명에게 전파되는 식으로 의지가 확산되는 것이다.

비교적 건전했던 사람들까지 자신의 의지를 포기하고 이처럼 강력한 대중심리를 받아들이게 만든다. 공명작용은 의지의 기운이 난폭하거나, 불건전할 때 대중에게 더 빨리 전파되는 특색이 있다. 이것은 세상에는 건전한 사상을 가진 사람보다 그렇지 못한 사람들이 더 많기 때문인 것으로 추정된다.

한 사람의 지나친 의지가 공명작용과 맞물려 거대한 기운으로 확장되는 경우가 있다. 예를 들어 전장에서 군인들이 한번 거칠어지면 악귀 같은 모습을 보이곤 하는데, 이는 의지가 지나치니 나머지 용기라는 표상에서 이탈하여 살기로 변질되었기 때문이다.

이렇듯 대중성이 강한 의지의 표상으로 불안과 폭력, 정의감, 충성, 질투, 분노, 원한이 있다. 이들 의지의 표상은 정상적인 이성을 거부하는 극적인 경향이 강한데, 앞서 말한 대로 순수한 의지보다는 불순한 이성의 응집력이 더욱 강하기 때문이다.

미술과 음악은 인간이 자연을 모방하는 데서 시작된 예술이다. 모든 사람에게는 각각의 의지가 있고, 의지는 활동이라는 표상을 통해 존재를 확인받는다. 미술과 음악이라는 예술작품도 예외는 아니어서 작가의 의지가 창작이라는 활동에 스며든 표상이다. 작가의 특정한 의지가 스며든 미술과 음악은 그 속에 포함된 의지의 작용으로 감상자와 청중의 내면에서 공명작용을 일으킨다.

앞에서 예를 든 집회에서의 공명작용이 순식간에 대중을 사로잡는 광기라고 한다면 미술과 음악을 통해 경험하는 공명작용은 보다 개인적이고, 보다 내적으로 깊게 사유된다는 특징이 있다. 작가가 특별한 흥분상태로 활동한 결과에서 비롯된 공명이기에 집단에서 발생하는 의지의 침투보다 지속성이 강하기 때문이다.

그림을 그리고, 음악을 작곡한다는 것은 예술가가 자신의 의지를 밖으로 표출하는 작용이다. 그 같은 표출을 감상한 사람들에게 예술가의 의지가 침투하여 의식적, 혹은 무의식적으로 이같은 의지에 자극받게 된다. 그리고 이런 자극은 감상자의 내부에서 공명작용을 일으키며 새로운 의지의 도출을 유인한다.

　그러므로 퇴폐적인 감정이 유입된 작품을 감상하거나 듣게 될 경우 감상자의 의지 또한 퇴폐적으로 변질될 수 있고, 예술가가 긴장한 상태에서 표현한 작품을 보거나 듣게 되었을 때는 마찬가지로 감상자의 감정상태가 긴박해지기도 한다. 활동적이고 진취적인 작품은 감상자의 의지를 활동적이고 진취적인 방향으로 이끌고, 경박한 그림과 음악은 감상자의 의지를 경박하게 만들 수 있다. 바꿔 말하면 예술가와 감상자 사이에서 발생하는 공명작용이야말로 감동의 본질이라고 할 수 있다.

　우리가 위대한 미술가와 작곡가의 작품을 통해 아름다움과 기쁨, 비장함, 순수 같은 표상을 체험하게 되는 것은 작품을 창조할 때 작가의 내부에서 일었던 의지가 우리에게 반영되었기 때문이다.

　예술가가 정한 제목, 수법, 내용은 비단 그의 의지만 팽창시키는 것이 아니라 감상하는 사람의 내면에서도 의지의 팽창을 이루려고 한다. 반대로 의지가 위축된 상태에서 창조된 작품은 감상자의 내면을 위축시키는 원인이 된다.

　우리는 몸에 좋은 약이 입에 쓰고, 달콤한 술이 몸을 헤친다는 것을 우습게 여기듯이 이에 대한 경각심도 거의 없다. 그 때문인지 파괴적이고 퇴폐적인 의지가 표출된 작품들이 대중으로부터 더 많은 지지를 받곤 한다.

반면에 인간의 위대한 정신이 녹아든 작품에 대해서는 반감을 갖기 일쑤다. 이 또한 대중적인 공명작용에서와 마찬가지로 세상 사람들이 선량한 의지가 추구하는 어려운 길보다는 사악한 의지가 추구하는 쉬운 길을 더 유익하게 받아들이기 때문인 것으로 판단된다. 역사적으로 위대한 작품은 항상 그의 시대에 버림받아왔고, 외설적이고 사람의 이성을 흐트러뜨리는 작품들은 열광적인 지지와 존경을 누려왔던 것만 봐도 알 수 있다.

의지는 이처럼 음악과 그림, 문학 같은 정신적인 표출에 의해서도 얼마든지 팽창과 위축을 반복할 수 있다. 예술작품을 통해 자신의 삶을 보다 생산적인 방향으로 이끌기 위해서는 작품이 구현하려는 의지의 본질을 살펴볼 필요가 있다. 예술가의 역량이 느껴지는 성숙된 작품, 비속하고 비열하지 않은 진취적인 작품을 접하려는 노력이 필요하다는 뜻이다.

인생보다 더 슬픈 비극은 없다

> 두려움 때문이 아니라 정의감에서, 또는 타인에 대한 배려 때문에 올바른 행동을 취하는 자는 행복하다.

　미리 준비하지 않았다면 안일했던 것이 아니라 살아갈 마음이 애초부터 없었다는 의미로 받아들여야 한다. 그런 의미에서 베토벤은 진정한 리얼리스트였다. 그의 음악은 진리였다. 나는 그렇게 말하고 싶다. 베토벤에게 인생은 음악이었으며, 자신의 인생에 위대한 정신적 가치와 의미가 부여되도록 평생을 바쳤다. 그에게 삶은 종교였다. 물론 인생을 신이라고 생각한 적은 없었다.

　그렇기 때문에 베토벤은 그의 동료들이 고통 받는 자를 향해 달콤한 말로 위로하려고 들 때 "이것이 인생이다. 살아있다는 것은 고통이다. 그래도 죽는 것보다는 덜 고통스럽다"라는 진실을 들려줄 수 있었다. 베토벤에게 고통이란 위로받을 수 있는 것이 아니었다. 그는 아름다운 꿈을 이야기하지 않았다. 세계를, 영웅을 있는 그대로 드러냈다.

그와 달리 나는 어린 시절부터 겁이 많았다. 전쟁이 무서웠다. 전쟁이 끝난 후에도 나는 변하지 않았다. 여전히 나는 겁쟁이였다. 인생을 두려워했다. 모든 비극은 "만일 그때 그런 일을 겪지 않았다면 아무 일도 일어나지 않았을 텐데"라는 말로 시작되는데, 그 비극의 주인공은 언제나 내 몫이었다.

한 번의 만남이 우리의 인생을 결정지을 수도 있다는 사실보다 더 큰 비극은 없다. 이것이야말로 가장 피해야 할 인생의 비극이며, 지금껏 내가 주인공으로 무대에 오른 비극의 줄거리였다.

어린 시절 동화책에서 마녀가 사람을 야수로 바꿔버린 내용을 접한 적이 있다. 나는 그 책을 읽고 크나큰 감동에 휩싸였다. 인간이 야수가 되었다는 그 놀라운 마법에 감탄한 것이 아니다. 인간을 야수로 만든 마녀의 의지에 감명했기 때문이다. 어떤 자에게는 교육, 또는 교양의 습득이 무의미하게 느껴진다. 그에게 필요한 것은 습득이 아니라 발견이기 때문이다.

외부의 교양을 받아들이기보다는 자기 내부에서 들끓고 있는 재능을 드러내는 것이 더욱 중요하다. 예컨대 아버지로부터 엄청난 유산을 상속받았기에 노동에 종사할만한 이유를 찾지 못하는 상황과 비슷하다. 나 또한 이런 부류에 포함된다.

두려움 때문이 아니라 정의감에서, 또는 타인에 대한 배려 때문에 올바른 행동을 취하는 자는 행복하다. 나의 올바름은 대체로 두려움에 기인하고 있다. 한마디 덧붙이자면 내 안의 욕망을 단죄하고 싶지 않다. 특히 종교적인 차원에서 나의 욕망을 단죄하고 싶지는 않다. 나의 욕망은 조금도 혐오스럽지 않다. 더럽고 낮은 곳에서 나는 몸부림친다. 높은 곳에서 낮은 곳으로 도망친다. 내게 그것이 겸손이다.

정신적으로 차원이 높은 영역을 탐구하다 보면 나도 모르게 착각할 때가 있다. 이 세계에서 나는 인간에 불과하지만, 저 높은 영역에서는 모든 것이 가능한 존재가 되어있을지도 모른다. 그곳에서는 나의 모든 행위가 완전하고 정당하다. 즉 정신적인 차원에서만 온전해질 수 있다는 뜻이다. 인간들이 살아가는 일반적인 세계는 너무나 이질적이고 당혹스럽기만 하다.

나에게는 평범해질 권리가 없다. 평범한 의무들에 복종하지 않았기 때문이다. 그들과 살고 있지만, 그들과 같은 권리는 없다. 그들의 세계에서 나는 열등감을 느낀다.

나는 좀 더 산소가 희박한 대기에서 숨을 쉬어야 한다. 그들이 살아갈 수 없는 척박한 환경이 주어져야 한다. 그곳에서 홀로 고뇌하고 만족을 찾아야 한다. 그들과 같은 공기를 호흡하는 것이 나에게는 징

벌이다. 그들과 함께 생존하려는 유혹에 굴복해서는 안 된다. 나는 그들처럼 될 수 없다.

철학과 마찬가지로 인생에서도 표면상의 향수가 우리를 현혹시킨다. 타인이 하는 것, 혹은 타인이 허용 받고 있는 것을 우리에게 인도한다. 유혹에 대항하는 수단은 오직 하나다. 나는 그들과 다르다고 속삭이는 작은 목소리를 놓치지 않도록 내면의 귀를 활짝 열어놓는 것이다.

한 편의 비극을 관람하고 감동받았을 때 나를 방금 본 무대에 적용시켜본다. 나라면 저렇게 행동하지 않았다, 나라면 다르다, 나라면 이렇게 했을 것이라고 혼자 상상하는 버릇이 생겼다. 이런 버릇이 생긴 이유는 내가 연극적 사건을 비극으로 이해하지 못하기 때문이다.

다시 말해 비극을 비극으로서 받아들이지 못하는 것이다. 나에게 그들의 비극이 당면한 해피엔드다. 영웅의 몰락과 죽음이 비극이라는 그들의 인식을 받아들일 수가 없다.

내가 원하는 것은 마녀의 의지가 관철된 몽환적인 메르헨(동화)이다. 슬픈 연극을 자주 관람하는 것도 그 때문이다. 이 어린애 같은 단순함에 나는 감동한다. 그리고 이 세상의 부조리에 절망한다. 그 절망을 나는 영감이라고 부른다.

타인이 베푼 호의에 무감각하지만 누군가의 도움 없이는 하루도 살 수 없다. 그런 주제에 그들의 베풂에는 감사를 표현하지 않는다.

내 안에서 자립심이 느껴질 때가 있다. 남들로부터 거절당했다고 생각될 때다. 남들이 나를 거부한다고 생각될 때면 내 안에서 거대한 기운이 용솟음친다. 이 감각에 대한 표현은 결코 거짓이 아니다.

가끔씩 나의 능력에 좌절감이 느껴지곤 한다. 칸트나 그와 유사한 사람들에게 못 미친다는 자괴감으로 고민하게 된다. 그 고민들로 인해 상처가 점점 더 깊어지는 것 같다. 문제는 허영심이다. 이 교만이 나를 병들게 하고 있다. 죽은 자는 죄를 범하지 않는다. 나로서는 놀라운 사실이다. 살아있는 자는 죄를 범할 수 있다. 따라서 범죄를 단념할 수도 있다.

지성의 불빛에서 탐욕이 보인다

지성의 표출이 금전이라는 수단을 위해 도용된다면
그것이 비록 단 한 권의 책일지언정 사회에 악영향
을 미친다. 언젠가는 반드시 범죄에 악용될 것이고,
누군가에게 절망을 안겨주게 될 것이다.

    지식인의 모습은 크게 둘로 나뉜다. 세계라는 표상의 본질을 밝혀내기 위해 지성의 불빛을 밝히려는 자와 이득을 얻기 위해 세계를 관찰하는 자다.

    첫 번째 부류는 고유한 사상과 경험을 가진 자로서 이를 타인에게 전달하는 데 가치를 둔다. 두 번째 부류는 돈이 목적이다. 돈을 벌기 위해 글을 쓰고, 학식을 팔고, 양심을 토해낸다. 따라서 그들은 뭔가를 팔기 위해 생각을 쥐어짠다.

    후자와 같은 지식인에게서 발견되는 특징은 다음과 같다. 그들은 어떻게든 사상의 실타래를 붙들고 늘어지려는 경향을 보인다. 진위가 불분명하든, 왜곡되었든 상관없다. 오류는 그들이 가고자 하는 길을 방해하지 못한다. 그들이 형태가 불분명한 사상, 잘못된 문법의 문장, 논리가 희박한 근거를 애용하는 까닭은 자신의 허구성을 숨기기 위해서다. 따라서 그들의 문장에는 명확함과 명료함이 없다.

우리는 이같은 특징을 통해 그들이 단지 원고지의 빈 여백을 메우기 위해, 몇 마디 말로 한 달간 먹을 양식을 얻기 위해 펜을 들고, 강단에 오른다는 사실을 깨닫게 된다. 우리가 평소 즐겨 읽는 유명 작가 중에도 이런 자들이 적지 않다.

레싱의 연극론, 장 파울의 쓸데없는 소설 몇 편은 빈 여백을 돈과 바꾸기 위해 어쩔 수 없이 펜을 들고, 작가 자신도 이해하지 못할 사상의 끈을 붙잡고 수고한 결과다. 책을 읽다가 이처럼 거짓된 모순을 발견했다면 작가의 이름이 누구든지 간에 당장 쓰레기통에 버려야 한다.

지식인이 자기가 알고 있는 몇 가지 특정단어와 인식을 팔아치우기 위해 마련한 자리에 구경꾼으로 참여한다는 것은 지식인에게 기만당한 것과 다름없다.

대다수 지식인은 대중에게 뭔가 전달해야 할 사명이라도 있는 것처럼 명분을 내세우는데, 명분이야말로 지식인이 즐겨 사용하는 변명꺼리이며, 우리가 그들이 쓴 책을 읽고, 그들이 가르치는 대학에 다니고, 그들의 의견을 쫓아 마치 내가 그가 된 것처럼 누군가에게 열변을

토하는 행위야말로 그들에게 철저히 농락당한 결과인 것이다.

  인세와 저작권 침해 금지라는 두 가지 법률이 현대사회에서 문학을 문학 이하의 위치로 끌어내린 원인임을 잊어서는 안 된다. 우리는 세계의 진리를 밝혀내겠다는 사명감으로 펜을 들고, 강단에 오르는 지식인에게만 지성을 기록하고 발표할 기회를 제공해야 한다. 단 한 권의 책에 진실이 담겨 있더라도 그 한 권의 책이 우리에게 미치는 영향력은 실로 놀랍기만 하다.

  하지만 지성의 표출이 금전이라는 수단을 위해 도용된다면 그것이 비록 단 한 권의 책일지언정 사회에 악영향을 미친다. 언젠가는 반드시 범죄에 악용될 것이고, 누군가에게 절망을 안겨주게 될 것이다.

  부를 목적으로 지식을 습득하는 순간, 그에게는 지성의 파멸뿐이다. 위대한 작품을 남긴 작가들, 철인들, 시인과 음악가, 정치가는 무명시절에도 대중과 영합하려 하지 않았다. 내면의 절박함과 자기희생을 묵묵히 감수해냈다.

  지금은 지식을 팔면 돈이 생기는 구조로 바뀌었다. 돈이 필요한 자는 누구든지 책상에 앉아 공부를 해야 하는 시대다. 그리고 민중은 어리석게도 그런 자들을 우상으로 섬기려 한다. 그들로 인해 인간의 위상은 또 한 단계 퇴보하게 될 것이다.

신체는 그릇에 담긴 것은 욕망뿐

> 인간에게는 물질적인 신체뿐 아니라 의지에 해당하는 영혼이 존재한다. 신체로 대변되는 물리적인 삶뿐 아니라 의지로 촉발되는 영적인 삶도 있다는 것이다.

    인간이 물질에 불과하다는 유물론을 뒷받침하는 한 가지 사례를 꼽는다면 반사(半死)상태일 것이다. 반사상태는 죽음과 별반 차이가 없다. 이성은 사라지고 육체만 남은 상태다.

    그럼에도 인간은 '생존'이라는 형태적 작용을 계속한다. 머리카락이 자라고, 손톱이 자라며, 음식물도 섭취해야 하고, 주기적으로 배설도 한다. 보통의 삶과 육체적으로 크게 다르지 않다. 그러나 이들의 상태는 분명 '죽음'이다.

    물리적으로 완벽한 인간의 형태를 유지하고 있음에도 죽었다고 여긴다. 여기서 한 가지 의문이 남는다. '죽음'의 진정한 의미가 무엇이냐는 것이다. 죽은 자의 몸에서 손톱과 머리카락이 자라고, 반사상태에 빠진 환자의 신체가 멀쩡한 육신과 다를 바 없음에도 불구하고 죽은 자로 여기는 판단근거가 무엇이냐는 점이다. 이를 밝히기 위해서는 유물론이 간과하고 있는 한 가지 진실, 즉 '의지'의 존재를 파악해야 한다.

해부학적으로 인간은 물질이다. 그렇기 때문에 반사상태에서도 체내에 남아있는 물리적 활동의 결과로 일정기간 손톱과 머리카락이 자란다. 오장육부에 혈액만 제대로 공급되어도 죽지 않는 상태를 유지할 수 있다. 만약 이같은 물리적인 삶이 전부라면 인간의 존재가치는 너무나 허망하다.

현재 우리가 존경하는 위인들은 짧게는 수십 년에서 길게는 수백 년 전에 죽은 자들이다. 이들의 물리적인 활동은 당시의 죽음으로 이미 끝났다.

하지만 우리가 여전히 그들의 삶을 공부하고, 그들이 남긴 자취들을 보존한다는 점에서 그들은 아직 살아있다고 해야 할 것이다. 아직도 그들의 말에서 교훈을 찾고, 그들의 실천에서 덕(德)을 깨우치는 이상, 우리와 함께 살아있다고 여겨도 무방하다는 뜻이다.

물리적으로는 이미 수세기 전에 사라진 인물들이 오늘날 우리와 함께 살고 있다는 것은 무엇을 말하는가. 사람의 인생이 물질 외에 다른 무엇인가를 지니고 있다는 가정이 가능해진다. 그리고 물질이 아닌 그것은 시간과 공간을 초월하는 영속적인 존재라는 가정이 가능해진다.

　불교는 극락에 대해 설파하고, 기독교는 천국이 있다고 주장하는데, 극락과 천국의 공통점은 물리적인 신체가 들어갈 수 없다는 것이다. 생전에 잘 가꿔놓은 '선량한 영혼'만이 귀속을 허락받는다는 점이다. 이 영혼이라는 단어야말로 의지를 표현한 여러 단어 중 광범위하면서도 매우 적절한 표현이라고 생각한다.

　인간에게는 물질적인 신체뿐 아니라 의지에 해당하는 영혼이 존재한다. 신체로 대변되는 물리적인 삶뿐 아니라 의지로 촉발되는 영적인 삶도 있다는 것이다.

　신체가 그릇이라면 내용물은 의지다. 따라서 자신의 의지를 깨닫지 못한 채 살아왔다는 것은 그릇의 가치로 살아왔다는 것과 동일한 의미다. 내용물이 버려진 인생이 낙담과 절망에 시달리는 것은 어찌 보면 당연한 결과이며, 그릇만 남은 인생에 풍요가 찾아오기를 기대한다는 것은 허황된 욕망에 지나지 않는다.

　그러나 안타깝게도 대다수 사람들은 한 개의 그릇으로 생을 마감하고 있다. 운이 나빴다, 타고난 복이 없었다는 등 갖가지 변명이 난무하고 있으나, 결국은 쓸데없는 망상일 뿐이다.

　사람이 그 일생에서 뜻을 이루지 못하는 까닭은 첫째로 그릇에 내용을 담지 않았기 때문이며, 둘째로 내용을 준비하되 그릇을 소홀히

했기 때문이며, 셋째로 그릇에 맞는 내용을 준비하지 못했기 때문이며, 넷째로 내용에 맞는 그릇을 준비하지 못했기 때문이다.

 의지와 신체는 서로 다른 둘이 아니다. 의지가 있기에 신체라는 표상의 출현이 가능했고, 신체라는 표상을 벗어나서는 의지의 확인은 불가능하다. 우주만물의 탄생이 이같은 질서에서 벗어나지 않고 있다. 만일 조물주가 존재한다면 그 또한 우리와 같은 질서로 탄생했을 것이라고 믿는다. 한 가지 차이점이 있다면 그의 의지는 우리의 의지보다 확고하고, 자율적이며, 모든 의지의 의지가 될 만큼 순수했다는 것뿐이다.

 기독교에서 말하는 하느님도 거대한 의지이며, 여타 종교에서 말하는 천지를 주관하는 절대자들도 동일한 의미에서 의지다. 이런 의지가 담긴 그릇이 우주만물이다.

 우주의 섭리와 인간의 삶이 서로 다른 듯 보여도 결론을 말하자면 우주의 섭리가 세계에서 표출되고, 인간의 삶에서 우주를 구성하는 입자들이 새롭게 형성되어 하나의 표상을 이루고 있다. 그 때문에 인간은 그 자체로 하나의 우주이며, 독립된 세계이며, 유일한 표상이 된다. 인간이 스스로를 영장(靈長)으로 정의한 주체가 다름 아닌 인간의 '의지'였던 것이다.

 이같은 초보적인 이론조차 깨닫지 못한 상태에서 명성을 바라고,

신체가 그릇이라면 내용물은 의지다.
따라서 자신의 의지를 깨닫지 못한 채 살아왔다는 것은
그릇의 가치로 살아왔다는 것과 동일한 의미다.
내용물이 버려진 인생이 낙담과 절망에 시달리는 것은
어찌 보면 당연한 결과이며,
그릇만 남은 인생에 풍요가 찾아오기를 기대한다는 것은
허황된 욕망에 지나지 않는다.

경제적 풍요를 기다린다는 것은 가뜩이나 추악한 우리의 삶을 더욱 불행하게 만드는 질병이 된다. 지금이라도 진리를 깨달아 자신의 삶을 새롭게 변화시킨다면 내일의 죽음을 선고받은 가혹한 운명일지라도 과거의 참혹했던 결과로부터 해방되는 기쁨을 누리게 될 것이다.

커튼 뒤에 숨어 있는 너

> 바울이 십자가에 못 박힌 그리스도를 전파하고 다닐 때 바리새인들은 분노를 참지 못했다. 그래서 바울은 오늘날 승리자가 되었고, 바리새인은 패자의 위치에 서게 된 것이다.

   크고 작은 실수를 저질렀고, 그 때마다 내가 얼마나 처참한 존재인지 깨닫게 되었다. 그 경험들이 나에 대한 기대를 저버리게 만들었다. 그래서 어떤 행동을 저지르기에 앞서 항상 저항이 가장 적은 진로를 택해 왔다. 사람들 또한 나의 판단과 크게 다르지는 않을 것이다.
   도덕률에 별다른 흥미를 느끼지 못했다. 자연법칙에 흥미를 느꼈던 것과 비교하면 조금 이해가 안 되는 상황이다. 하지만 나의 이웃이 도덕률에 반하는 행동을 저질렀을 때는 흥미를 느낀다. 그가 어떤 이유로 일반적인 도덕률에 위배되는 행동을 저지르게 되었는지 궁금해서 견딜 수가 없다. 그리고 대부분의 경우 나는 그의 침범을 옹호하고 싶어진다.

윤리적인 명제의 특성은 다음과 같다. "그대, 이렇게 하라", 또는 "이것이 옳다!"라는 반강제적인 내용이다. "다수의 인간들이 이를 좋다고 말한다"와 같은 내용은 아직까지 접해보지 못했다. 윤리적 명제란 하나의 개인적인 행위다. 개인적 행위는 사실이 될 수 없다. 감탄의 외침 같은 것이기 때문이다.

'윤리적 명제'의 근거란 개인마다 다른데, 그에게서는 윤리였지만 타인에게는 범죄가 되는 경우도 있다. 명제는 주관적인 해설을 덧붙이고 있다. 혐오도 때로는 감탄이 되며, 감탄이 때로는 죄악이 되기도 한다. 모든 윤리적 명제를 만족시키는 근거는 어디에도 없다.

나의 자기인식 방법은 다음과 같다. 몇 개의 베일이 나를 가리고 있다. 나는 그 베일 속에 숨어있는 나 자신을 인식한다. 그 베일을 벗기고자 좀 더 다가가면 나를 덮고 있는 베일의 수가 점점 늘어난다. 베일 뒤에서 비춰지는 나의 표상도 점차 희미해진다. 그래서 결국 나 자신에게 다가가는 것을 포기하고 만다.

나는 상품이 아니다. 진열대에 놓인 물건이 아니다. 고객들의 구경거리가 아니다. 상품은 색깔과 광택으로 고객의 눈을 사로잡고 그들의 손아귀에 들어가는 것이 목표지만, 나는 그들의 손아귀를 거부한다. 그들에게 필요한 물건이 되고 싶지 않다. 하지만 사람들은 자기들 마음대로 나를 진열대에 전시하고 싶어 한다.

내가 저지른 행위에 대한 책임은 내게 있으며, 이를 판단하는 도덕적 관점도 나의 것이다. 타인이 자신의 도덕적 개념을 들먹이며 나의 행동을 판단하는 것은 권리에 대한 남용이다. 그런 행위야말로 비도덕의 핵심이다.

나는 태어날 때부터 도덕이라는 개념을 경멸했다. 내게는 애초부터 그 같은 관념이 허락되지 않았기에 다른 사람들에게도 도덕이 결여되어 있다고 말해왔다. 하지만 이젠 명심해야 한다. 오직 나에게만 주어지지 않은 것이다. 나만 그 선물을 받지 못했다. 그럼에도 불구하고 나는 인간으로서 자신의 역량을 시험했고, 그 한계를 돌파하는 데 성공했다. 그것으로 충분하다.

나의 고통스런 환경은 스스로 자초한 결과다. 현재의 환경은 무엇으로도 변화시킬 수 없으며, 내가 아닌 다른 사람이 전면에 나설지라도 달라지지 않을 것 같다.

나에 대한 모략들이 적지 않다는 것을 잘 안다. 당연히 불쾌하다. 하지만 내게는 용기가 없다. 그리고 저 사람들에게는 용기가 있다. 나의 패배는 거의 확정적이다. 하지만 이런 종류의 용기라면 내 쪽에서 거절하겠다.

상대방을 파멸로 이끄는 용기 따위는 필요 없다. 차라리 이웃을 찾아가 '당신을 사랑한다'라고 말하겠다. 사랑을 이기심이라고 생각했던 적이 있었다. 이웃을 사랑한다는 표현도 자신의 성스러움을 자랑하기 위한 에고이즘이라고 여겼다.

다행인 것은 나에게는 이같은 사랑의 감정이 전무하다는 점이다. 따라서 에고이즘도 없다. 타인에 의한 구원은 없다고 믿는다. 타인을 위한 구원도 없다고 믿는다. 나의 영혼을 걱정하는 사람이 있다면 먼저 자신의 영혼부터 돌아보라고 말해주고 싶다. 타인의 구원에 관여하는 것은 말참견에 지나지 않으며, 타인에게서 사랑받고 싶지 않기 때문에 타인을 사랑하고 싶지도 않다.

복수의 존재가 동일한 세계에서 구성원으로서의 역할을 감당하고 있는 것을 볼 때마다 경이롭다는 감탄에 빠진다. 어쩔 수 없이 그들과 동석하고 서로 얼굴을 마주본다. 하지만 사랑하고 싶은 마음은 없다. 내가 그들에게 베풀 수 있는 최선은 보다 높은 경지를 보여주는 것뿐이다. 그들이 경의를 표할 수 있는 대상을 구체화시키는 것뿐이다. 그것은 피에 굶주린 모기떼와의 싸움과 비슷하다. 모기 몇 마리를 쫓아내는 것으로 현실이 변하지는 않는다.

철학적 문제를 해결할 때마다 내가 전 인류를 위해 더없이 중요한 사명을 완수한 것 같은 착각에 빠지곤 했지만, 정작 인류는 나의 고뇌에 아무런 가치도 부여해주지 않았다. 나 홀로 책상 앞에 앉아 밤을 새며 논제들과 씨름을 거듭한 것이다. 모기장 속에 편안히 앉아 휴식을 취하는 사람들 앞에서 모기장 밖에 버려진 내가 미친 듯이 모기떼와 싸웠던 것이다.

분노를 다스리기란 아주 어렵다. "당신은 화를 내고 있다. 그 때문에 당신은 틀렸다."라고 세상 사람들은 말한다. 이에 대한 증거가 몇 가지 있다. 화를 내는 것은 어떤 경우에도 이성적이지 못하다. 분노란 이성적인 인간이 극복해야 할 대상이다. 분노는 자신의 상처가 파헤쳐졌다고 생각될 때 극에 달한다.

나의 논리가 상대방에 의해 완벽하게 제압되었다는 기분에 화가 치민다. 바울이 십자가에 못 박힌 그리스도를 전파하고 다닐 때 바리새인들은 분노를 참지 못했다. 그래서 바울은 오늘날 승리자가 되었고, 바리새인은 패자의 위치에 서게 된 것이다.

쇼펜하우어의 **청춘 독설**

2011년 12월 22일 초판 발행

지은이 | 쇼펜하우어
편역자 | 김 욱
펴낸이 | 이종헌
편 집 | 최윤서
펴낸곳 | 가산출판사
주 소 | 서울시 서대문구 충정로2가 37-18
　　　　TEL (02) 3272-5530~1
　　　　FAX (02) 3272-5532
등 록 | 1995년 12월 7일(제10-1238호)
E-mail | gasanbook@empas.com

ISBN 978-89-88933-97-8 13850

책값은 뒤표지에 있습니다.